Et toujours une longueur d'avance

À ma sœur Hélène,
avec laquelle j'aurais aimé écrire ce roman à quatre mains

Les personnages principaux

Les Lantay

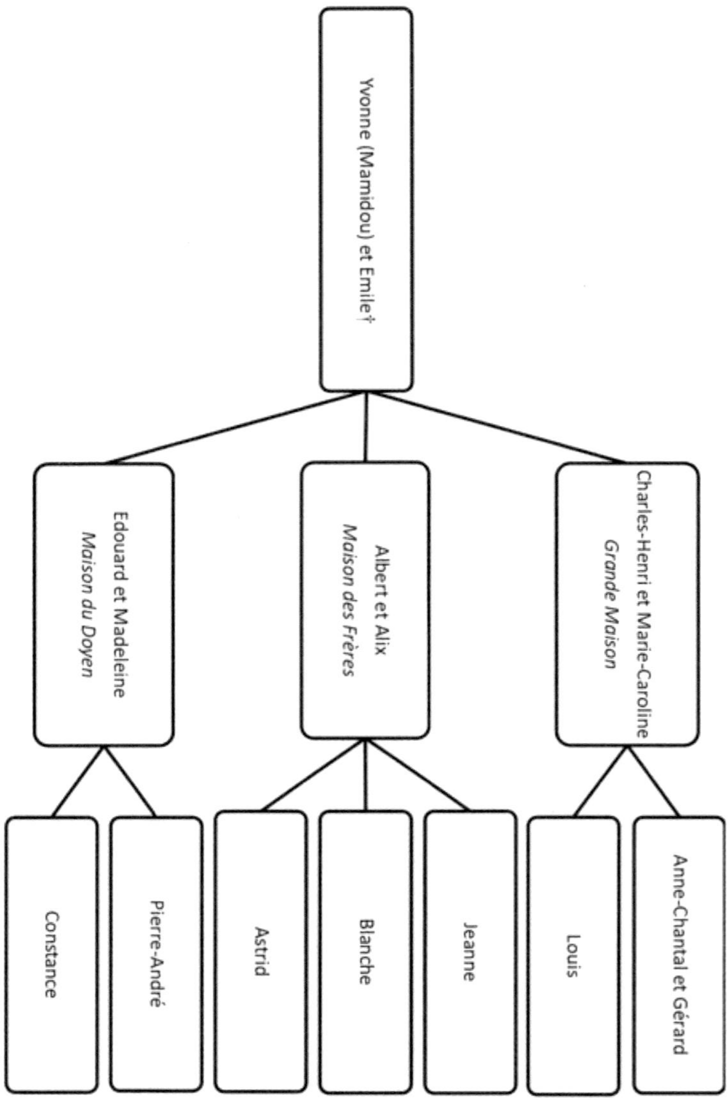

Les autres personnages

Le Comte (Eugène†) et la Comtesse (Elisabeth) d'Armanjeux, parents de Marie-Caroline de Lantay

Jean-Marie, le simplet du village, ami d'Alfred Roumiguet (quincailler à Cluny)

François Ravineau, amoureux de Jeanne de Lantay

Fernand Ravineau, agriculteur, père de François

Raymond et Isabelle Bontemps, voisins et amis des Lantay

Le docteur Reynié, médecin du village

L'adjudant-chef Labornet, sous-officier de gendarmerie

1
Lundi 1er juillet 1974, le matin

Une pâture à l'écart du village, le Roc-Pertus, accueillait quelques Charolaises placides. Roc-Pertus ! Le nom fleurait bon le roman courtois ou le livre d'heures. Sol ingrat, épierrements, ronciers impénétrables, le lieu était d'ailleurs à l'avenant, bien loin des terres policées et dopées aux nitrates de l'agriculture productiviste alors en vogue.

Ce constat d'anachronisme, à Colmagny, s'appliquait à tout... ou presque. Il faut dire que le petit village, peuplé d'irréductibles Burgondes, résistait encore et toujours à la modernité ambiante ; il proposait à ses habitants, enchantés de l'aubaine, une existence d'un autre âge qui rappelait, par bien des aspects, la correspondance d'une certaine Marquise de Sévigné, près de trois siècles auparavant. Réunions devant l'âtre, soirées tricots et ragots, cloche appelant aux repas, visites aux animaux de la ferme, grandes parties intergénérationnelles de colin-maillard, cela aurait pu se dérouler des décennies en amont. Un voyage dans le passé qui permettait d'échapper au consumérisme forcené et à l'individualisme triomphant des Trente Glorieuses. Tout le monde en redemandait.

Le cadre s'y prêtait d'ailleurs bien. En-dehors d'un château d'eau, fort laid, qui déparait le point culminant de la colline, ce village bourguignon du Clunysois affichait un look assez désuet. Toits en lauzes rescapés de la mode invasive des tuiles mécaniques, église romane trapue à souhait et vieux murs de pierres sèches plus ou moins croulants contribuaient à l'atmosphère surannée des lieux.

Rien n'y manquait, y compris les tas de fumier malodorants dans les cours de ferme ou le pré à cochons trônant en plein cœur du village.

La maison des Lantay, quant à elle, datait des années 1860. Elle était passée d'une génération à l'autre depuis un bon siècle. Rien d'étonnant à cela : à cette époque, les lignées de hobereaux se transmettaient sans faillir les héritages fonciers et les obligations afférentes. Bien campée sur deux ailes en U, qui délimitaient une petite cour d'entrée, elle présentait la silhouette un peu massive des bâtisses bourgeoises du Second Empire, sans en afficher l'excentricité. Pas de faux mâchicoulis ou d'ogives néo-gothiques, pas de coupoles orientalisantes ni même d'arcs outrepassés, elle se contentait d'une parure plus modeste : un toit en tuiles vernissées « écailles de poisson » dont le bleu presque noir attirait l'œil. Un moyen comme un autre d'affirmer le statut social des propriétaires ; moyen efficace d'ailleurs si l'on en croit le qualificatif de « château » dont usaient volontiers les paysans locaux, tandis que les initiés évoquaient plus simplement « la Grande Maison ».

À l'heure de la famille nucléaire, frileusement resserrée autour du couple et de ses enfants, Colmagny restait le fief d'une famille élargie ; celle-ci avait, par des achats successifs, colonisé la partie haute du village, jugée plus noble que le « bas ». Tantes, oncles, grands-tantes, grands-oncles et cousins-cousines à la mode de Bretagne investissaient les lieux deux fois par an : à Pâques et pendant l'été. S'y ajoutaient quelques amis très proches considérés comme partie intégrante du clan familial.

Au sein de cette vaste tribu, seuls résidaient sur place le baron de Lantay, sa femme et leur fils Louis. Héritiers de la Grande Maison et de la ferme attenante, ils tentaient, bon an, mal an, de subvenir à leurs besoins sans sacrifier aux

pratiques contestables de l'agriculture intensive. Leur fille, Anne-Chantal, bien consciente des réalités de l'époque, avait pris le large après son bac, obtenu avec mention « très bien », pour entamer, avec brio, une prépa scientifique à Dijon. Nostalgique d'un passé idéalisé, Louis avait, quant à lui endossé, par vocation, le costume de gentleman farmer légué par ses aïeux, et défendait bec et ongles des méthodes ancestrales qui remontaient au XIXe siècle, voire à l'Ancien Régime.

Pour l'heure, il s'acheminait vers la Maison du Doyen où sa cousine Constance était arrivée la veille pour passer les Grandes Vacances avant d'attaquer une terminale littéraire au lycée privé de Chalon. Queue en panache et poil au vent, Irak, son fidèle Briard, accompagnait le jeune homme, tentant en vain d'échapper aux attaques en piquée de Chouki, une pie apprivoisée, dont l'occupation favorite consistait à martyriser le pauvre chien.

Assis à l'entrée de son jardin, Jean-Marie, l'idiot du village, l'interpella d'une voix sonore :

— T'étions pas aux champs, le Louis ?

Le gogol nourrissait une affection sincère pour le jeune Lantay qui, doté d'une nature aimable, acceptait volontiers de tailler une bavette avec lui alors que la plupart des autochtones l'ignoraient avec superbe. Mais la pie ne pouvait l'encaisser et, délaissant son bouc émissaire favori, se mit à jouer les stukas au-dessus de son crâne dégarni.

— Ma, ké-ce ké me veut don c'te folle ?

— Chouki, arrête !

Peu docile, le bel oiseau bicolore effectuait des figures dignes d'un as de voltige aérienne : deux loopings et une vrille plus tard, elle s'empara d'un cheveu graisseux qui avait échappé aux ravages de la calvitie et, brandissant son larcin comme un trophée, vint atterrir tout en douceur sur l'épaule de son maître. Jean-Marie maugréa.

— J'vas t'clouer à l'entrée de mon tinailler [1]. T'l'auras pas volé !

L'image des effraies crucifiées pendant des décennies à la porte des granges eut raison de l'humeur facétieuse du corvidé qui, après un regard sombre en guise de baroud d'honneur, préféra battre en retraite sur un poteau électrique en jacassant à l'envi.

— C'est ben quand même une drôle d'idée d't'encombrer d'c'te bestiole !

— Moi qui pensais te garder un rejeton de la première couvée...

— Sûr que non ! Les œufs à la rigueur... Et encore, y'aura sûrement pas de quoi en faire une ventrée !

— Sinon, quoi de neuf ?

La question, récurrente dans les conversations, convenait bien mal à la quiétude ambiante car il ne se passait jamais rien à Colmagny : aussi l'interrogation restait-elle le plus souvent sans réponse, suscitant un simple haussement d'épaules qu'accompagnait une mine désolée. Louis fut donc surpris de voir s'allumer, dans le regard éteint de son interlocuteur, une étincelle sournoise tandis qu'une grimace de connivence révélait des gencives édentées où subsistaient quelques rares chicots noirâtres.

— J'peux ben t'le dire à toi : ma vas pas y crier sur tous les toits !

— OK, dis m'en plus.

— Va don' voir du côté du Roc-Pertus. Te vas en tomber su'l'cul !

— Au Roc-Pertus ?

— Vas-y voir, j't'y dis ! Derrière vot'châtiau-fort.

Ledit « château », baptisé Fort Richard, avait été construit une dizaine d'années auparavant par une poignée de cousins-cousines, pré-adolescents, dont la culture

1. Tinailler : Grange, en Bourgogne

médiévale se limitait à la lecture de Johan et Pirlouit ou des Romans de la Table ronde. Installé sur un épierrement agricole, il se limitait à quelques mètres linéaires de « fortifications » branlantes, dont l'élévation n'excédait pas la taille d'un bambin de trois ans ; l'unique tour, à l'angle sud-ouest, abritait, au maximum, deux personnes en position accroupie ; couverte d'une voûte en encorbellement presque stable, elle servait d'abri en cas de gros temps. Le reste était abandonné à la végétation : quelques chênes pubescents étiques se partageaient les lieux avec un gros noyer dont une branche souple, presque horizontale faisait office de balançoire. Assauts vaillamment repoussés, sièges interminables, trahisons et félonies à gogo, l'imagination des enfants pouvait s'exprimer à loisir entre ces murets de pierres sèches. Inutile de convoquer le conseil scientifique ou de réclamer la caution du CNRS pour faire revivre un Moyen Age plein de bruits et de fureurs, pas très authentique il est vrai, mais tellement vivant. Louis, qui n'était pas retourné sur place depuis des années, ayant abandonné la place aux « petits », en gardait un excellent souvenir et se promit d'aller y faire un tour avec Constance.

— Sur ce, j'avions à faire, dit Jean-Marie en se levant, ben l'bonjour à m'sieur le Baron !

Après un regard suspicieux à Chouki, toujours perchée au sommet du poteau, il extirpa de sa besace, un béret informe qu'il avait agrémenté d'un curieux pompon rouge en souvenir de son service militaire dans la marine nationale. Il l'enfonça jusqu'aux yeux. La prudence s'imposait !

2
Lundi 1er juillet 1974, l'après-midi

Une petite barrière de bois, fermée par un simple fil de fer, empêchait la pérégrination des quelques Charolaises qui occupaient les lieux : bien installées sous un noyer, ces dernières ruminaient de concert et ne manifestaient, d'ailleurs, aucune envie d'aller voir ailleurs si l'herbe était plus verte. L'arrivée de Louis et de Constance ne suscita de leur part qu'un intérêt fugace qui retomba bien vite au profit de l'ataraxie naturelle des bovins.

— Tu es sûr qu'on ne risque rien ?

— Sûr.

— Je ne suis quand même pas très rassurée, il y a un taureau non ?

— C'est un taurillon, aucun problème !

— N'empêche... il est déjà costaud je trouve !

— À peine huit quintaux, avance !

La jeune fille ne se le fit pas dire deux fois et entama un sprint jusqu'à l'épierrement qu'elle gravit comme un cabri. Il faut dire qu'avec son look baba cool - ample jupe fuchsia, tunique indienne et cheveux auburn, ruisselant en vagues ondulées sur les épaules - elle n'avait rien d'une paysanne. Louis, vêtu d'une veste en tweed, d'un pull à torsades et d'un pantalon en velours côtelé, s'il affichait un look plus rural, ne se fondait pas davantage dans un décor où régnait en maître le bleu de travail, une tenue nettement moins aristocratique. De toute façon, les Charolaises n'avaient cure de ces modes vestimentaires et, sans plus se soucier des visiteurs, poursuivirent avec application leur rumination collective.

— Bon alors, que cherche-t-on ?

— À dire vrai, je n'en sais rien. Jean-Marie n'a pas été franchement explicite !

Progressant difficilement, les deux jeunes se faufilèrent entre les prunelliers et autres ronciers. À l'arrière de l'épierrement, les pluies diluviennes du printemps précédent avaient provoqué un glissement de terrain, rendant le cheminement presque impossible.

— C'est Verdun en pire !

— Tu fais toujours dans la nuance chère cousine...

— Regarde devant, un peu à droite du chêne, là !

Constance pointa du doigt un effondrement du sol dans lequel s'entassaient, enchevêtrés, de nombreux débris végétaux accumulés par le ruissellement. Presque au centre de la dépression, béait une cavité obscure. Jouant les équilibristes car la terre se dérobait dangereusement sous ses pas, Louis s'approcha du trou. Accroché à une branche basse du chêne, il se pencha sur l'ouverture et poussa une exclamation de surprise.

— Qu'est-ce que tu vois ?

— Le départ d'un escalier. Attends-moi, je descends.

— Fais gaffe, c'est hyper-risqué ! ! !

— Tu vois le danger partout décidément ! Ne t'inquiète pas, je suis prudent.

Constance vit disparaître avec une certaine anxiété la haute silhouette de son cousin. À coup sûr, l'aventure allait mal se terminer. Quel crétin ce Jean-Marie ! Elle n'avait jamais pu piffer sa lippe pendante, son élocution laborieuse et les remugles peu ragoutants qui se dégageaient de ses vieilles nippes. Voilà qu'il allait gâcher ses vacances avec des mystères à la noix ! Il y avait quand même mieux à faire ! D'autant que le beau cousin, avec sa carrure avantageuse, ses cheveux follets et ses yeux curieusement vairons ne la laissait pas totalement indifférente... Pour des retrouvailles, on pouvait imaginer plus romantique qu'un glissement de terrain !

L'attente se prolongeant, la jeune fille commença sérieusement à s'inquiéter. Que fichait Louis ? Avait-il trouvé un Lascaux bis ? ? S'était-il découvert une passion subite pour la spéléologie ? ? Que fichait-il, diantre ? Sans oser se l'avouer, elle mourait d'inquiétude et la chaleur lourde, qui tournait à l'orage, lui portait sur les nerfs.

Les yeux rivés sur l'ouverture de la cavité, imaginant le pire, elle n'entendit pas approcher Jean-Marie qui, héritage d'un long passé de braconnier, avait la faculté de se déplacer sans bruit.

— Eh alors, elle est tout'seule la p'tite dame ? C'est pas ben prudent... On sait jamais d'nos jours...

L'arrivée inopinée du benêt arracha brutalement Constance à ses pensées moroses : elle eut une poussée d'adrénaline en croisant le regard concupiscent de ce dernier et se sentit, en effet, bien seule. Où était Louis, que diable ? Allait-il enfin ressortir de son trou, oui ou non ? Quitte à braver tous les taurillons charolais de la région, la jeune fille se préparait à décamper au plus vite au cas où le gogol se serait fait entreprenant. Mais, soupçonnant que l'affaire était mal engagée, celui-ci la planta là et, après avoir allumé une grande torche, disparut à son tour dans la cavité.

Une bonne demi-heure plus tard, les deux hommes émergèrent, couverts de poussière des pieds à la tête et passablement excités.

— Il y a tout une série de caves voûtées là-dessous ; c'est génial : il faut absolument que tu vois ça !

— Ça peut attendre, non ?

Constance s'en voulut un peu de doucher l'enthousiasme de son cousin mais ces vieilles pierres branlantes, qui devaient pulluler d'araignées et autres bestioles peu ragoutantes, la laissaient de marbre. Après cette attente interminable et stressante, elle ne souhaitait qu'une chose : rejoindre ses pénates, dîner et profiter de la soirée, vautrée sur la balancelle du jardin. Et surtout se débarrasser au plus vite du simplet de service qui lui tapait sur le système : qu'il aille au diable avec ses découvertes idiotes ! Elle qui aspirait à des vacances tranquilles, c'était râpé !

Comble d'infortune, après deux ou trois éclairs censés annoncer la couleur, une pluie diluvienne s'abattit sur le Roc-Pertus. Trop tard pour retourner au village au risque d'y arriver trempé jusqu'aux os. Pas question non plus de s'entasser dans la minuscule tour du « châtiau » avec l'autre gogol ! Ne restait plus qu'à trouver refuge sous terre, le temps que l'orage se calme. Maugréant après le ciel, Constance se résolut à suivre le mouvement et descendit, d'un pas mal assuré, l'escalier boueux qui menait à une première cave.

Totalement vide, cette dernière était couverte d'une voûte en plein cintre d'assez belle facture, que la disparition du bâti supérieur et l'accumulation d'une couche de terre n'avait pas endommagée. Elle débouchait sur une deuxième, plus basse, ouvrant elle-même sur deux autres. La dernière, à laquelle on accédait difficilement par une simple brèche dans la maçonnerie, était encombrée d'un fatras épouvantable mêlant chaise cassée, brocs en fer blanc, vaisselle ébréchée, vieux bois de lit et matelas de laine éventré qu'avaient investi une pléthore de rongeurs dont les yeux luisaient à la lueur de la torche. Au fond à droite, un imposant tas de pierres et de tuiles brisées, appuyé au mur, suscita l'intérêt de Jean-Marie qui commença à fouiner, s'attirant les foudres de Louis :

— C'est pas le moment de faire des fouilles ! Qu'est-ce que tu cherches ?

— Sait-on jamais....

— Tu espères trouver un trésor ?

— Faut voir...

— Tu rêves. Allez, filons d'ici avant que Constance tombe en syncope.

L'œil rivé à la masse grouillante des bestioles qui avaient élu domicile dans le rembourrage du matelas, cette dernière semblait, en effet, prête à se pâmer. Il devenait urgent de retrouver l'air frais, quitte à braver les dernières gouttes de l'orage. Louis prit la direction des affaires et, s'emparant de la torche posée sur une petite table en bois vermoulu à laquelle manquait un pied, il se dirigea d'une allure décidée vers la sortie. Trop heureuse de fuir ce lieu de cauchemar, Constance lui emboîta le pas illico ; Jean-Marie, râla copieusement contre ces beuzenots [1] de la ville qui ne connaissaient rien à la cambrousse et se tournaient les sangs pour trois souris, mais n'eut d'autre alternative que de les suivre.

1. *Beuzenot* : niais

3

Lundi 1er juillet 1974, dans la soirée

L'heure du dîner approchait. Après avoir enfilé des vêtements secs et propres, Louis descendit au salon. Sa mère affectionnait particulièrement cette pièce aux proportions imposantes et au caractère vieillot où elle passait le plus clair de son temps à lire sous le regard sévère d'un couple d'ancêtres dont les portraits ornaient le dessus de la cheminée. Le manteau de cette dernière s'agrémentait d'une pendule en bronze qui faisait la fierté de la famille. Légende ou vérité ? On la disait presque unique en son genre. Un deuxième exemplaire ornait, paraît-il, la Malmaison, tandis que le troisième, disparu on ne sait quand, était recherché avec fébrilité par tous les antiquaires de l'Hexagone. Une histoire un peu belle pour être vraiment crédible ; mais peu importe ! Impossible, à cette époque, de vérifier le propos. L'anecdote était donc fidèlement resservie, plus ou moins enjolivée de considérations sur la teinte du pied en marbre ou la symbolique des deux personnages, à tous les amis de passage qui ne pouvaient faire moins que de manifester un émerveillement de circonstance.

Devant la cheminée, canapé et fauteuils dépareillés entouraient un pouf élimé d'un rose éteint. Plus loin, un piano à queue occupait à lui seul la surface d'un studio parisien. En dehors d'une tante éloignée, compositrice à ses heures, personne ne maîtrisait vraiment l'instrument même si quelques audacieux se risquaient à égrener maladroitement les notes du « Marché persan » ou de la

Sonate «au Clair de lune ». Aucune importance, la pratique du piano faisait partie de la panoplie de « l'honnête homme », version Grand Siècle, dont la culture générale devait nécessairement s'accompagner d'une sensibilité artistique. À ce titre, il avait pleinement sa place dans le décor. Pas question, bien entendu, de sacrifier à la mondialisation ambiante ! Il s'agissait d'un Gaveau issu directement de la manufacture française du même nom.

Conformément à ses habitudes, Marie-Caroline de Lantay occupait le Voltaire à côté de la cheminée, plongée dans le dernier ouvrage de Jean d'Ormesson, *Au plaisir de Dieu.* Le port de tête altier, l'allure distinguée, les attaches fines et, bien-sûr, l'incontournable chevalière à l'auriculaire trahissaient ses origines aristocratiques ; mais la baronne n'avait rien d'une conformiste et transgressait volontiers les codes de son milieu social en choisissant des tenues assez étonnantes. Pour l'heure, elle arborait un pull chaussette orange qu'accompagnaient un pantalon pattes d'éléphant aux couleurs pop et des sandales compensées dotées de talons énormes. Elle leva vers son fils un regard gris bleu, troublé par une myopie légère qu'elle se refusait à corriger avec des lunettes :

— Bonsoir mon chéri, peux-tu aller sonner la cloche ? il est bientôt l'heure de passer à table et je ne sais pas où est ton père.

À l'instant même, Charles-Henri de Lantay entra dans le salon. Aussi grand que son fils, son penchant pour les bons whiskys et les viandes en sauce avait un peu alourdi sa silhouette sportive que mettait toutefois en valeur une veste en laine cardée et un pantalon à pinces bien coupés. Il jeta un regard mi-amusé, mi-atterré sur la tenue de sa femme :

— N'oubliez-pas, ma chère, que nous sommes conviés ce soir à un bridge chez Alix ...

– Oui ?

– Peut-être qu'une tenue plus sobre...

– Nous n'allons pas faire de manières avec la famille, Charles !

– Comme vous voudrez ma chère, mais vous savez, la famille...

La phrase se perdit dans un murmure indistinct tandis que le baron se dirigeait d'un air gourmand vers la salle à manger d'où émanaient des effluves alléchants de tarte à la moutarde, une des spécialités de Simone, la cuisinière. Au service de la famille depuis plus de quatre décennies et dévouée corps et âme aux Lantay, cette dernière affichait sa préférence pour le « petit » Louis qu'elle tentait, à grands coups de gâteries culinaires, de remplumer un peu .... sans succès d'ailleurs. Celui-ci lui adressa un sourire complice en s'asseyant à table, plissant malicieusement son œil vert, celui qui traduisait ses bons sentiments, l'autre, presque brun, reflétant des humeurs plus chagrines.

Pendule Louis XV, boiseries, mobilier imposant, buffet rempli d'argenterie et de porcelaines, la salle à manger remplissait parfaitement la fonction attendue : afficher aux yeux des hôtes potentiels la dignité de la famille. Elle paraissait un peu vide ce soir-là mais la sœur de Louis, Anne-Chantal, qui avait terminé ses examens, était attendue pour le lendemain avec son nouveau « Jules », un dentiste d'origine parisienne récemment installé en plein cœur de Dijon. Ils descendraient avec Mézabeth et Mamidou, les adorables grands-mères maternelle et paternelle que tout le monde se faisait une joie d'accueillir pendant l'été.

Après s'être enquis des dégâts de l'orage, Louis décida, malgré la promesse faite à Jean-Marie, de mener l'enquête sur les caves du Roc-Pertus. Inutile de solliciter la baronne qui, en femme d'intérieur accomplie, goûtait peu les joies du grand air et ne mettait quasiment jamais les pieds dehors : aussi ignorait-elle probablement l'existence même de la pâture et, à fortiori, des ruines qui s'y trouvaient. Louis s'adressa donc directement à son père :

— Il y avait des maisons près du fort Richard ?

— Je ne sais pas, de quoi parles-tu ?

— Des ruines qui se trouvent derrière l'épierrement ; de quand datent-elles ?

Contre toute attente, la conversation ne laissa pas indifférente la baronne de Lantay ; subitement tendue, elle fixa son fils d'un regard anxieux et vaguement réprobateur et s'immisça dans l'échange :

— Pourquoi cette question ?

— Jean-Marie a découvert d'anciennes caves, dégagées par le glissement de terrain de la semaine dernière.

— Je les croyais inaccessibles à tout jamais. Quand on a élargi la route du haut en 1954, tous les gravats ont été déversés là-bas.

— Vous connaissez les lieux mère ? ? ?

— C'est une vieille histoire... qu'il vaudrait mieux laisser dormir, à mon avis.

— Pourquoi ? Que s'est-il passé ?

Soucieux d'alléger une atmosphère qui devenait brutalement pesante et lui gâtait le plaisir de déguster le délicieux clafoutis aux cerises amoureusement préparé par Simone, Charles-Henri posa à regret sa cuiller et se décida à intervenir.

— Rien d'important, une vague affaire de caches d'armes à la fin de la guerre. C'est bien loin tout cela...

— Il y a eu de la Résistance à Colmagny ?

— De la Résistance, c'est beaucoup dire. Quelques jeunes avaient dissimulé une dizaine de vieux fusils de chasse dans une des caves et se targuaient de préparer un coup de force contre l'occupant.

— Et ?

— L'histoire a fini par mal tourner. Ils ont été dénoncés et l'un d'entre eux y a laissé sa peau, Joseph, le fils aîné des Combes ; ses parents possédaient l'exploitation laitière sur la route de Cluny avant qu'elle soit reprise par les Ravineau.

— Dénoncés ! Mais par qui ?

— Personne ne le sait, sauf évidemment le principal intéressé... si tant est qu'il soit encore en vie !

— Comment se fait-il que je n'en aie jamais entendu parler ?

— Ce ne sont pas des souvenirs très réjouissants, on évite plutôt d'aborder le sujet...

La baronne qui, de toute évidence, partageait le point de vue de son mari, triturait avec nervosité les griottes du clafoutis dans son assiette. Renonçant à terminer la part pourtant modeste que lui avait servie Simone, elle prétexta une migraine et quitta les lieux pour gagner sa chambre. Louis interrogea son père du regard mais n'obtint, en guise de réponse, qu'un haussement de sourcils navré :

— J'ai bien peur qu'avec ces histoires sinistres, il nous manque un mort au bridge ce soir !

4
Mardi 2 juillet, le matin

Mis dans la confidence par sa sœur Constance, Pierre-André ne boudait pas son plaisir :

– C'est génial cette histoire de caves ; on va organiser une grande chasse au trésor pour Jeanne, Blanche et Astrid. Naïves comme elles sont, elles vont tomber dans le panneau à coup sûr !

Pour enthousiasmante qu'elle paraisse, l'idée n'était pas vraiment « géniale » car chaque été, depuis des années, la même opération ou presque se répétait. Elle reposait sur une recette bien rodée. Tout d'abord, désigner une ou plusieurs victimes. Rien de bien compliqué : les plus faibles, les plus impressionnables, les plus manipulables, en un mot, les plus petits, endossaient, bien malgré eux, le rôle de souffre-douleur. Dans la nature, on parlerait de loi de la jungle. Deuxième étape, générer poussée d'adrénaline voire angoisse. Il suffisait d'imaginer un scénario correctement ficelé que la crédulité des jeunes rendait assez simple à concocter. On y intégrait, pêle-mêle, trafic de drogue, meurtres à gogo, grand banditisme, policiers véreux, et une touche éventuelle de surnaturel, auxquels s'ajoutait l'incontournable trésor à récupérer pour motiver les troupes. Eclairé chichement par quelques rares lampadaires ou, le plus souvent, par la simple clarté de la lune, le village et ses environs généraient l'ambiance propice.

Excité à la pensée de piéger ses trois petites cousines timorées, que tante Alix, en véritable mère poule, avait surprotégées, Pierre-André laissait libre cours à son imagination fertile sous le regard inquiet de Louis qui nourrissait quelques scrupules à exploiter le filon après les révélations de la veille. Constance, quant à elle, lorgnait son frère d'un œil blasé, trouvant la recette un peu réchauffée.

— Et comment vas-tu t'y prendre pour les attirer là-bas, elles ne mettent jamais les pieds au Roc-Pertus ? objecta-t-elle.

— Facile ma chère sœur, la solution se trouve ici, sous tes yeux !

Le jeune homme désigna le petit secrétaire Empire à gauche du bureau de leur père. Le meuble disposait, en effet, d'un mécanisme secret, bien connu des habitants de la maison du Doyen, mais dont les trois petites ignoraient certainement l'existence. Habilement dissimulé derrière une fine baguette de bois, un bouton permettait de faire basculer l'un des montants de l'abattant. Il suffisait ensuite d'appuyer sur un petit levier, à l'intérieur de ce montant, pour ouvrir un tiroir vertical qui se confondait avec la structure. Il ne restait rien, bien-sûr, de toute la correspondance secrète qu'il avait dissimulée pendant longtemps ; lettres d'amour enflammées, rendez-vous clandestins ou complots contre le pouvoir en place ? On pouvait tout imaginer. Ne restait qu'à confectionner un faux en lieu et place des originaux disparus.

Gagnée par l'enthousiasme communicatif de son frère, Constance partit chercher dans sa chambre le matériel requis et tous deux s'attelèrent à la tâche. Après avoir vieilli une feuille de papier à dessin en la passant à la flamme, Pierre-André inscrivit le message au porte-plume, soignant la calligraphie à grands renforts de pleins et déliés. Le résultat laissait à désirer et Louis, de plus en plus maussade, se fit critique :

— Franchement, ça ne ressemble à rien ! On dirait le

message d'un mauvais film de pirates, il ne manque plus que l'île déserte et les cocotiers en toile de fond... En plus, l'écriture n'a rien à voir avec celle du siècle dernier !

– Parce que tu la connais, toi, l'écriture du siècle dernier ? répliqua Constance.

– Oui, parfaitement, j'ai retrouvé des vieilles lettres dans le grenier de la Grande Maison ; elle est beaucoup plus inclinée et bien plus régulière aussi.

– On ne va pas s'arrêter à ce genre de détail, bon sang !

– De toute façon, ce n'est vraiment pas transcendant votre projet ; on aurait pu trouver mieux pour cet été.

Pierre-André s'étonnait. Que lui prenait-il au grand cousin ? Lui qui était d'habitude d'humeur agréable et toujours partant pour s'amuser, voilà qu'il allait leur mettre des bâtons dans les roues ! Il avait bien changé depuis les dernières Grandes Vacances : il faut croire que le travail de la terre lui avait tourneboulé le cerveau ! Il jouait les adultes ou quoi ? En tout cas, avant que l'ambiance ne tourne à l'aigre entre Constance et lui, il était temps d'intervenir :

– Qu'est-ce qui te gêne dans cette affaire ?

Encore perturbé par la réaction de sa mère la veille au soir, Louis décida de passer sous silence l'histoire de la cache d'armes :

– Primo, c'est dangereux ; les gamines ne seront pas à l'abri d'un éboulement ou d'une mauvaise chute...

– On peut toujours déblayer l'accès et limiter la recherche à la première cave. Et deuxio ?

– Deuxio, j'avais promis à Jean-Marie de ne rien dire !

– Et alors ?

– Et alors, il va m'en vouloir à mort. D'autant qu'il est convaincu qu'un véritable trésor est caché là-bas. Je l'ai croisé ce matin et il m'en a encore rebattu les oreilles ; d'après lui, les constructions datent du Moyen Age : c'est au moment des guerres de religion qu'elles ont été abandonnées et rasées. Le seigneur du coin, converti au protestantisme, aurait alors planqué dans ses sous-sols une partie de sa fortune avant de déguerpir vers des cieux plus sûrs.

— Il délire de plus en plus, où a-t-il déniché cette histoire ?

— Je n'en sais rien mais, en attendant, il y croit dur comme fer. S'il pense qu'on marche sur ses plates-bandes, il risque de très mal réagir. Et on ne sait jamais comment ça peut tourner avec lui...

— Pas de quoi s'inquiéter : il est complètement niais mais pas méchant pour un sou !

— Peut-être... ça reste à vérifier...

— Bon, d'ac, je te propose un truc. On organise tout un jeu de piste dans le village et seulement la dernière étape aux caves. Pour une fois qu'il se passe quelque chose dans ce trou, ce serait vraiment couillon de ne pas en profiter !

Soulagé d'apprendre que ses petites cousines ne feraient que passer aux ruines, Louis finit par se laisser convaincre et les trois jeunes se remirent à la tâche, rivalisant d'imagination pour concocter un parcours riche en péripéties et en suspense.

La cloche de la Grande Maison, qui tintait pour le déjeuner, les contraignit à se séparer. Après avoir appelé Irak qui, avachi à l'ombre d'un vieux marronnier, avait déjà commencé sa sieste, Louis reprit le chemin de ses pénates. Chouki l'attendait sur le mur du pré à cochons. Elle fixa son maître d'un air coquin, la tête en biais, et, renonçant exceptionnellement à tourmenter le pauvre briard, sautilla vers le jeune homme, un objet dans son bec.

— Qu'est-ce que... ? Non, ce n'est pas vrai ! Qu'as-tu fait malheureuse ? Cette fois, c'est la guerre assurée : il ne me le pardonnera jamais ! ! !

Au bout du cabilhou [1], sectionné à la base par la pie facétieuse, pendait le pompon rouge dont Jean-Marie était si fier. Les ennuis n'allaient pas tarder. Incorrigible Chouki ! ! !

1. *Cabilhou* : petite queue de fils au centre d'un béret.

5
Mardi 2 Juillet 1974, à l'heure du déjeuner

Au moment où Louis arrivait à la Grande Maison, ses grands-mères Mézabeth et Mamidou quittaient la petite cour en se tenant par le bras. Veuves de guerre toutes les deux, elles étaient aux antipodes l'une de l'autre. La première, Comtesse d'Armanjeux, charpentée, l'esprit caustique et le verbe haut, entretenait une forme olympique grâce à un bon coup de fourchette et une sacrée descente ; la seconde, toute menue et beaucoup plus discrète, avait une voix fluette, un appétit de moineau et une santé chancelante. Leurs différences ne les empêchaient pas de s'entendre comme larrons en foire malgré des chamailleries permanentes, l'une prenant systématiquement le contrepied de l'autre, quel que soit le sujet abordé. Elles enlacèrent tendrement le jeune homme qui leur vouait une affection sincère et s'étonna de les voir sortir :

— Vous ne déjeunez pas avec nous ?

— Nous sommes invitées chez Alix, répondit Mézabeth ; telle qu'on la connaît, on ne risque pas l'indigestion ! Quand je pense aux œufs en meurette que vous a mitonnés Simone et au petit Pommard gouleyant que Charles-Henri a sorti tout exprès de sa cave... On a été mal inspirées d'accepter l'invitation ! Laissez-nous quelques restes : ce ne sera pas du luxe pour compléter la dînette !

— Promis, on vous gardera une bonne bouteille.

— Tu as déjà rencontré le petit ami de ta sœur ?

— Pas encore.

— Attends-toi au pire.

— À ce point ?

— Le parvenu dans toute son horreur ! Riche comme Crésus et complètement ignorant des principes élémentaires du savoir-vivre ; on se demande bien ce qu'Anne-Chantal lui trouve, d'autant que physiquement, il est franchement quelconque.

— Vous exagérez, Elizabeth, intervint Mamidou, il est plutôt joli garçon ; un peu commun certes...

— Je m'étonne qu'il soit à votre goût Yvonne ; vous avez aussi apprécié son carrosse ?

À cette question, Mamidou leva les yeux au ciel. Le trajet dans la voiture de sport du jeune dentiste avait été un véritable enfer. Elizabeth, eu égard à son imposant format, s'était attribuée d'office la place avant, l'obligeant, avec Anne-Chantal, à se recroqueviller à l'arrière sur de minuscules sièges inconfortables. En plus, le chauffeur, véritable fou du volant, bafouait sans scrupule les limitations de vitesse, faisant rugir le moteur avec délectation. Elle avait frisé l'infarctus à chaque tournant et se jurait bien de ne jamais remettre les pieds dans cet engin diabolique. De toute façon, on ne roulait pas en Porsche dans son milieu, et surtout pas en Porsche jaune canari : ces voitures tape-à-l'œil et très « nouveau riche » faisaient terriblement vulgaire !!! Finalement, la comtesse n'avait pas tort : le « jules » d'Anne-Chantal avait tout du parvenu.

Le second coup de cloche, qui annonçait le début du repas, l'arracha à ses pensées moroses ; Louis se précipita vers les tilleuls sous lesquels avait été dressée la table du déjeuner. Il jeta au passage un coup d'œil au bolide garé à côté de sa 4L : sûr que, dans le genre mauvais goût, il ne plaidait pas en faveur du bonhomme !

Anne-Chantal, rayonnante, lui présenta Gérard. Visage avenant, cheveux blond cendré et beaux yeux gris, il était plutôt séduisant. Rien à dire non plus sur le polo Lacoste blanc et le pantalon de toile beige, une tenue parfaitement de circonstance. Plus appropriée, en tout cas, que celle de la baronne, qui arrivait à ce moment, et sur laquelle son mari jeta un coup d'œil désespéré, mais résigné. Elle avait opté ce jour-là pour une jupe à volants, d'un violet criard, décorée de petites pastilles argentées et pour des lunettes de soleil aux verres absolument énormes qui lui mangeaient la moitié du visage. Le prétendant l'accueillit avec un sourire amusé tout en restant confortablement calé dans son fauteuil : une entorse aux convenances qui suscita, de la part du baron, un haussement de sourcils réprobateur. Le jugement lapidaire de Mézabeth sur le jeune homme se confirma d'ailleurs bien vite. Salade coupée au couteau, couverts posés dans le mauvais sens, arrivisme patent et propension manifeste à faire de sa petite personne le sujet privilégié de son propos agacèrent quelque peu ses hôtes. On n'était pas snob chez les Lantay ... mais quand même, il y avait des limites à la tolérance ! Louis observait sa sœur à la dérobée : elle ne semblait nullement gênée et couvait son petit ami d'un regard cajoleur. Il l'entreprit en tête-à-tête à la fin du repas :

— C'est sérieux cette histoire ?

— Je te vois venir ! Tu vas me sortir le grand couplet sur les valeurs des aristos, le respect de la tradition et tout le tintouin. Je t'arrête tout de suite : Gérard est riche et beau gosse, ça suffira à mon bonheur.

— Tu en es certaine ?

— Absolument ! Point final de la discussion !

Au grand dépit de Louis, elle l'abandonna là, pestant tout bas contre les principes complètement périmés de son milieu et les tentatives, à peine déguisées, pour la caser avec un membre du sérail. Pas question de se mettre en ménage avec un nobliau désargenté, croisé au « hasard » d'une soirée mondaine : elle refusait de s'enquiquiner toute son existence avec un château croulant, des hectares de toitures à entretenir et une charpente rongée par les capricornes ; pas question non plus de moisir à la campagne à regarder jaunir les blés et engraisser les Charolaises ; elle ne rêvait que de plaisirs citadins, Dijon n'étant d'ailleurs qu'un tremplin vers la folle vie parisienne à laquelle elle aspirait. Elle n'allait quand même rester une péquenaude toute sa vie, même une péquenaude à particule !

À la fin du déjeuner, famille et « pièce rapportée » s'installèrent au salon pour le café, bientôt rejointes par Mézabeth qui avait subtilisé, dans la cuisine, un bon morceau de fromage de chèvre et une part de tarte à la crème qu'elle engloutissait avec voracité.

— Attention à votre cholestérol, mère, intervint Marie-Caroline, inquiète de l'entendre réclamer à Simone une seconde part.

— De grâce ! Tu sais bien ce qu'il en est chez Alix : on se contente de picorer ! En plus, depuis qu'elle s'est entichée de son gourou japonais, elle ne jure que par les théories d'Ohsawa et la macrobiotique, ce qui n'arrange rien. Maintenant, on picore yin ou yang... mais on picore quand même ! Je suis au bord de l'inanition....

Cette dernière affirmation, certes contestable, eut pour effet de déclencher un rire gras dont tous devinèrent la provenance. Inconscient de la gêne suscitée par son attitude inconvenante, Gérard poursuivit sur sa lancée en s'esclaffant :

— Vous ne risquez vraiment rien !

Les époux Lantay échangèrent des regards atterrés, tandis qu'Anne-Chantal, visage crispé, fixait obstinément le tapis et que la comtesse, manquant de s'étrangler avec sa tarte, faisait mine de n'avoir rien entendu. Dire qu'il allait falloir endurer ce grossier personnage tout l'été !

Une perspective qui lui gâtait sérieusement le plaisir des vacances !

6
Mardi 2 Juillet 1974, le soir

Cluny avait donné le ton. Aux XIe et XIIe siècles, son abbaye devenait une référence prestigieuse dans toute la chrétienté occidentale et manifestait sa puissance par une véritable démesure architecturale ; à la même époque, chaque village des environs ou presque se dotait d'un édifice roman, élégant et suffisamment robuste pour traverser les siècles. Au Moyen Age, on ne regardait pas à la dépense pour honorer Dieu !

Colmagny ne faisait pas exception à la règle. Derrière le pré à cochons, trônait une belle église, classée au titre des monuments historiques ; pierres dorées, toit de lauzes, arcatures décoratives de tradition lombarde, clocher trapu à registres superposés..., elle arborait toute la panoplie romane alors en vogue dans le Clunysois. Un petit cimetière l'entourait. Très peu fréquenté, en dehors du jour des morts, il constituait un cadre idéal pour la première étape de la chasse au trésor qu'avait imaginée Pierre-André, Constance et Louis pour leur petites cousines.

Les trois jeunes avaient obtenu sans difficulté la bénédiction de Mamidou pour utiliser l'enclos familial où son mari, un lieutenant-colonel tué en Indochine, reposait en compagnie de quelques aïeux. Leur grand-mère, qui dissimulait sa nature espiègle sous des dehors un peu austères, était enchantée à l'idée de se distraire aux dépens de feu son époux dont la rigueur toute militaire avait empoisonné son existence... y compris au moment de son décès d'ailleurs ! Au risque de passer pour fanfaron, il avait en effet exigé, dans son testament, d'être enterré debout, prétextant ne s'être jamais couché devant l'ennemi ! Quelle prétention stupide ! Il avait fallu convaincre le cantonnier, plutôt réticent à l'idée d'attaquer à la pioche le sous-sol rocheux de Colmagny, et graisser la patte à l'entreprise de pompes funèbres pour obtenir gain de cause. Aussi n'avait-elle aucun scrupule à laisser ses petits-enfants exploiter les lieux pour s'amuser.

Ces derniers, cachés dans le clocher de l'église, disposaient d'une vue plongeante sur les cinq pierres tombales qu'entourait une petite grille de fer forgé qui aurait bien mérité un coup de peinture.

— Vous croyez qu'elles vont trouver la cache ? s'inquiéta Pierre-André

— Ne te bile pas pour rien, le rassura Constance, elles sont moins gourdes qu'elles en ont l'air. Elles m'ont même épatée avec le tiroir du secrétaire : elles ont trouvé le message en deux temps trois mouvements ; en plus, il est suffisamment clair pour qu'elles s'en sortent encore ce coup-ci. Ce qui m'inquiète davantage, c'est que Mamidou a vendu la mèche : elle a tout raconté à Mézabeth qui s'est évidemment empressée d'en parler dans tout le village. Il n'y a que les gamines qui ne soient pas au courant ...

— En tout cas, il ne faudrait pas qu'elles traînent : la nuit va bientôt tomber, intervint Louis, toujours soucieux de ne pas mettre en danger ses cousines.

À cet instant, les trois petites entrèrent dans le cimetière. Jeanne, l'aînée, une adolescente au physique maladif, fermait la marche d'un pas hésitant. Tandis qu'elle s'arrêtait devant l'église, les jumelles Blanche et Astrid, un peu moins timorées, se dirigèrent vers la grille de l'enclos dont elles poussèrent le petit portail. Elles observèrent les tombes une à une, avant de fixer longuement la stèle du grand-père, le nez en l'air. Astrid, la plus dégourdie des deux, sortit de sa poche le message, récupéré dans le tiroir secret, et fit la moue.

— Ça ne colle absolument pas; il faut trouver une pierre creuse. En plus, on dirait que ça a été fait hier ou aujourd'hui ce truc, c'est tout frais.

— Moi, ça me file la trouille, c'est pas normal ! On ferait mieux de rejoindre Jeanne et de retourner à la maison. En plus, il commence à faire nuit et j'ai froid. On aura qu'à revenir demain.

— Attends, on a une lampe, on va pas partir comme ça. En tout cas, moi je continue. Tant pis pour toi si t'es pas cap !

S'armant de courage, Astrid lança un dernier coup d'œil au sommet de la stèle, dont le crépuscule noyait les contours, et eut un frisson qu'elle réprima aussitôt pour donner le change à sa jumelle.

— On va aller voir derrière et après, promis, on rentre !

— D'ac, mais on se grouille, j'ai vraiment la pétoche.

Au grand soulagement de Blanche, le faisceau de la lampe éclaira bien vite une pierre du mur, mal jointoyée, qui semblait correspondre aux indications du message. S'armant de courage, Astrid entreprit de la retirer et y parvint après plusieurs tentatives malheureuses, découvrant à l'arrière une minuscule cavité. Elle contenait un petit coffret métallique rouillé qu'elle tendit à sa sœur. Puis, contentes de leur succès, les deux gamines partirent bien vite rejoindre Jeanne devant l'église. Celle-ci avait déjà décampé…

Louis arborait une mine sombre.

— Il y a quelque chose qui cloche visiblement ! Qu'est-ce qui a pu les effrayer comme ça ? Je sais bien qu'à cette heure-ci, le cimetière n'est pas folichon, mais quand même : pas de quoi en avoir les chocottes ! Il faut qu'on aille voir.

Les trois jeunes descendirent du clocher en empruntant une échelle branlante puis un escalier extérieur aménagé le long du transept et contournèrent le chevet pour rejoindre l'enclos familial. Ils dirigèrent la torche sur la stèle de leur grand-père que surmontait une croix de pierre sculptée. Louis apostropha ses cousins d'un ton furieux :

— Qui a eu cette idée idiote ? C'est franchement malsain ! Vous débloquez ou quoi !

Mais il comprit rapidement, à leurs yeux écarquillés et leur regard sidéré, qu'ils n'étaient pas à l'origine de cette mauvaise farce. Il s'approcha du monument et toucha la traverse de la croix : la branche gauche, enduite d'une substance poisseuse et écarlate, semblait maculée de sang ; cette substance avait dégoutté sur le sommet de la stèle, y laissant des traînées rougeâtres et noyant les inscriptions gravées dans la pierre.

— C'est quoi cette horreur ? Qui a bien pu faire ça ? murmura-t-il.

— Il faut peut-être prévenir les flics, ajouta Constance.

— Attendez, on ne va pas en faire une affaire d'État, intervint son frère ; ce n'est pas du meilleur goût, d'accord, mais ça ressemble à une simple blague : pas de quoi s'affoler ! Ce qu'il faut, c'est remettre tout ça en état avant que Mamidou ne tombe dessus car elle n'apprécierait pas la plaisanterie.

Joignant le geste à la parole, il partit, d'un pas martial, récupérer à l'entrée du cimetière une vieille brosse et deux arrosoirs et entreprit de nettoyer la stèle. Louis vint aussitôt lui prêter main forte tandis que Constance, plongée dans une torpeur hébétée, se contentait d'observer l'opération.

Dissimulé derrière un contrefort de l'église, un autre spectateur ne perdait rien de la scène. Ils avaient voulu faire les malins ces petits jeunes : ils allaient s'en mordre les doigts ! Pas question de les laisser déambuler partout à la nuit tombante ; leur chasse au trésor à la gomme allait se transformer en chemin de croix : tant pis pour eux !

Perchée dans un des bosquets qui cernaient le cimetière, une hulotte lança son cri lugubre...

7
Mercredi 3 Juillet 1974, à l'heure du thé

— Voilà de quoi remplumer ces pauvres gamines, se réjouit Mézabeth en balançant à bout de bras un énorme sac rempli de friandises. Oursons en guimauve, roudoudous, bâtons de réglisse, boîtes de biberine et sticks de coco, elle avait dévalisé la modeste épicerie de Colmagny qui, malgré sa superficie réduite, recelait de nombreux trésors en ce domaine.

— Je ne suis pas certaine qu'Alix soit enchantée par l'initiative, rétorqua Mamidou, dubitative.

— Elle n'en saura rien ; on va donner tout cela directement aux gosses… sans passer par la censure macrobiotique !

— Eh bien, profitons-en ; les jumelles sont justement là-bas. Pas d'adulte à l'horizon, allons-y !

Les grands-mères s'approchèrent des fillettes qui jouaient à la marelle derrière le pré à cochons, poussant à cloche-pied une vieille boîte de cirage lestée de gravillons. La comtesse s'interrogea une fois de plus : comment diable parvenir à les distinguer alors qu'elles se ressemblaient comme deux gouttes d'eau ? Mêmes yeux pervenche, mêmes cheveux blonds en queue de cheval, même petit nez un peu aquilin, impossible de savoir qui était Astrid, qui était Blanche ! En les observant davantage, elle s'aperçut que l'une d'entre elles présentait sur la tempe gauche un minuscule grain de beauté. Restait à savoir laquelle ! Dans le doute, mieux valait rester dans le vague. Aussi tendit-elle le sac à la plus proche sans autre entrée en matière.

— Tenez, on vous a acheté quelques bonbons pour fêter le début des vacances. Mais n'en dites rien à votre mère, elle en ferait une jaunisse !

— Promis, motus et bouche cousue, répliquèrent en chœur les deux gamines, ravies de l'aubaine.

La plus dégourdie piocha aussitôt dans le paquet une souris de caramel enrobée de chocolat dont elle se poissa les lèvres avec allégresse ; après une courte hésitation, l'autre l'imita et engloutit coup sur coup trois oursons avant d'attaquer un roudoudou.

— Alors, il paraît que vous jouez les détectives, s'enquit innocemment Mamidou.

— Comment le savez-vous ? rétorqua Astrid, la bouche pleine. Pierre-André avait promis de garder le secret.

— Tout se sait à Colmagny ! Vous avez trouvé quelque chose ?

— Ben oui, intervint Blanche d'une petite voix, on veut bien vous montrer mais faudra pas en parler.

Elle tendit à sa grand-mère le petit coffret métallique trouvé la veille au cimetière et qu'elle conservait précieusement dans sa poche. Cette dernière en sortit un papier artificiellement jauni qu'elle déplia et consulta rapidement avant de le passer à Mézabeth avec une mimique amusée. Louis, Constance et Pierre-André n'avaient pas fait preuve d'une grande subtilité ; inutile de consulter une voyante extra-lucide pour comprendre le sens du message : la deuxième étape y était visible comme le nez au milieu de la figure ! Tracé à la plume figurait le plan de l'église en croix latine ; un point rouge, bien apparent, indiquait, dans le croisillon Nord, le caveau des seigneurs locaux où devait se poursuivre, dans la soirée, la chasse au trésor. Sous le dessin, quelques rimes maladroites, ajoutées à l'encre sépia, permettaient de lever définitivement le doute : « Redoutant les Enfers / Et oubliant la guerre / Le châtelain des lieux / Repose auprès de Dieu ».

La comtesse eut une moue critique et, pour faire passer l'indigeste quatrain, subtilisa, dans le paquet de bonbons, trois hosties fourrées à la biberine qu'elle goba aussi sec. Puis elle se dirigea avec Mamidou vers le « logis des Frères » où Alix les avait conviées à un thé avec Isabelle et Raymond Bontemps, des voisins de la Grande Maison.

Près de la grille du jardin, Jeanne discutait avec François, le fils aîné des Ravineau, un grand dadais de 18 ans à la carrure de bûcheron, qu'on disait « un peu déséquilibré mais bien brave quand même ». Celui-ci jetait à la gamine des regards enamourés qui, à la surprise des deux grands-mères, ne la laissaient visiblement pas indifférente. Elle y faisait écho par un rire de gorge, cristallin et joyeux, dont elle était peu coutumière. Mamidou haussa les sourcils : La petite Jeanne à qui on aurait donné le bon Dieu sans confession, qui ne quittait pas les jupons de sa mère et s'effrayait d'un rien, se révélait sacrément délurée. De quoi y perdre son latin ! Renonçant à comprendre une époque où les bonnes vieilles valeurs d'antan disparaissaient comme neige au soleil, elle entraîna Mézabeth vers le salon en râlant tout haut contre la dissolution des mœurs !

À l'exception de Louis, invité pour tenir compagnie au petit-fils Ravineau, et qui terminait d'engranger ses foins, tout le monde était déjà là. Malgré les réserves qu'elle nourrissait à l'égard de sa belle-fille, Mamidou reconnaissait qu'elle avait bon goût. Elle en fit le constat, une fois de plus, en pénétrant dans le petit salon. Fauteuils et chaises à médaillon d'époque Louis XVI entouraient un joli guéridon sur lequel était disposé un ravissant service à thé en porcelaine de Limoges. Simplicité des formes, élégances des cannelures, couleurs douces des revêtements et des rideaux, évidemment assortis, la pièce respirait le raffinement. Pas de dorure inutile, pas de surcharge décorative ni de tapis criards, ce n'était pas le genre d'Alix qui donnait plus volontiers dans la sobriété que dans le luxe tapageur.

Pour l'heure, la silhouette menue de la maîtresse de maison disparaissait derrière un énorme gâteau, couvert de crème au beurre, que Mézabeth, craignant de mourir de faim, avait fait livrer par le pâtissier du bourg voisin. À ses côtés, son mari Albert mélangeait, dans un savant désordre, petites cuillers, pinces à sucre et fourchettes à dessert. Mathématicien de haut vol, ses recherches suscitaient l'intérêt de toute la communauté scientifique. Mais « la tête complètement perdue dans les chiffres », comme aimait à le rappeler sa femme, il vivait en permanence sur une autre planète et manquait cruellement de sens pratique. Rien à voir avec son frère Charles-Henri que la longue pratique des travaux de la terre avait rompu aux réalités de l'existence ! Mamidou se demandait parfois comment elle avait pu engendrer deux êtres tellement différents… sans compter d'ailleurs, dans un autre registre, son troisième fils, le père de Pierre-André et de Constance, lui aussi bien particulier !

À l'arrivée des deux grands-mères, Isabelle et Raymond Bontemps se levèrent à l'unisson. Sensiblement du même âge qu'elles, ils s'étaient installés à Colmagny dans les années 1930 où ils avaient acquis un curieux manoir néo-gothique, situé presque en face de la Grande Maison. Habitant toute l'année en Bourgogne, ils se contentaient de gérer à distance les entreprises textiles du Nord qui avaient fait leur fortune. À la suite d'un accident de la route, qui le priva brutalement de ses deux parents, leur petit-fils Robert était venu vivre chez eux pendant une dizaine d'années avant d'entreprendre des études de commerce à Lyon.

Chaleureux et bons vivants, les Bontemps suscitaient dans le village une sympathie presque unanime. Aussi les grands-mères se réjouirent-elles de passer un moment en leur compagnie.

Après avoir échangé les banalités d'usage, Mamidou, qui s'inquiétait pour la réputation – jusqu'alors sans tache- de sa petite-fille, amena la conversation sur le fils Ravineau et ses relations avec Jeanne. À sa grande surprise, Alix prit la chose à la légère.

— Aucun souci à se faire ! François est un gentil garçon et Jeanne une véritable oie blanche qui ne connaît rien à la vie !

— Justement, il faudrait peut-être lui parler...

— Enfin, mère, elle vient juste de fêter ses 14 ans, rien ne presse !

— De nos jours vous savez, tout va plus vite.

— Il n'y a aucun risque : ce sont l'un et l'autre de vrais gosses. Vous vous faites des idées, j'en suis sûre.

— Si vous le dites...

Isabelle Bontemps, qui suivait la conversation avec intérêt, intervint alors :

— Pour ma part, je partage l'avis d'Yvonne, il faut être prudent ; actuellement, les jeunes générations veulent tout, tout de suite, et ne savent pas attendre.

— En plus, le fils Ravineau a reçu une éducation très laxiste et la famille n'est pas très fréquentable, renchérit son mari.

— De toute évidence, je n'aurai pas le dernier mot, s'amusa Alix. Eh bien, puisque vous vous liguez contre moi, je mettrai en garde cette pauvre enfant, dès son retour, contre les tentations de la chair !!!

L'arrivée de Louis, dont l'œil vert brillait d'excitation, mit un terme à l'échange. Après avoir embrassé sa tante et son oncle, il se tourna vers les convives et annonça avec enthousiasme :

— Je viens de voir Pierre-André, il paraît que Jean-Marie a trouvé quelque chose au Roc-Pertus !

Raymond Bontemps lui jeta un regard atterré et laissa échapper de ses doigts tremblants sa tasse de thé qui se brisa sur les tomettes, y répandant un liquide brunâtre qui vint souiller les franges du tapis.

8
Mercredi 3 Juillet 1974, le soir

L'intérieur de la petite église romane de Colmagny, enlaidi par une statuaire et des autels récents, n'avait pas le charme de l'extérieur. L'enduit des murs, qui remontait à Mathusalem, et les rares ouvertures rendaient les lieux particulièrement obscurs : il fallait faire preuve d'une foi ardente pour y percevoir la lumière divine !

Lors des travaux d'assainissement effectués l'année précédente, les ouvriers avaient repéré, dans le croisillon nord du transept, une dalle amovible. En-dessous, un escalier descendait au caveau de la famille Lavoignée, les seigneurs locaux au XVIII siècle. Il n'en restait pas grand-chose, quelques ossements blanchis recouverts d'un monceau de détritus car ce caveau avait fait office de lieu de stockage pour tous les rebuts possibles. De toute évidence, les nobliaux du coin n'avaient pas laissé un souvenir impérissable et le respect que leur manifestaient les manants disparut très vite au moment de la Révolution.

Avec l'immense espoir de faire une découverte extraordinaire, qui aurait propulsé la commune dans le tiercé gagnant des grandes destinations archéologiques de la planète, Louis avait trié quelques mètres cubes de déchets... sans succès ; ses trouvailles se limitèrent à quatre petites plaquettes d'ivoire gravées qui donnèrent lieu à de nombreuses spéculations sur leur utilité : en vain.

Lorsque les trois petites entrèrent par le portail ouest, le soleil couchant jeta une lueur pourprée sur le Christ doloriste, suspendu dans le chœur, dont la maigreur extrême faisait écho au rictus d'agonie. Louis, Constance et Pierre-André, cachés dans la sacristie, entendirent leurs cousines remonter la nef puis se diriger vers le bras nord du transept. Comme toujours, c'est Astrid qui menait les opérations.

— Aidez-moi à soulever la trappe, il faut descendre !

— Et si on revenait demain matin plutôt, proposa Jeanne.

— Pas question ! C'est toujours le soir, les chasses au trésor à Colmagny ! Qu'est-ce que tu peux être trouillarde quand même !

— C'est pas vrai, et je suis la plus grande d'abord ; c'est moi qui devrait décider, na !

— Nananère... intervint Blanche qui, trop contente de s'opposer à sa sœur aînée, vint aider sa jumelle à déplacer la lourde planche qui obturait le caveau.

Une même exclamation de surprise horrifiée sortit à l'unisson des trois bouches. Fou d'inquiétude, Louis quitta précipitamment sa cachette et se précipita vers les petites.

— Quel idiot, il va tout faire rater, pesta Pierre-André, en retenant Constance.

— Il faut peut-être aller voir ce qu'il se passe.

— Mais non, on va être obligé de tout recommencer à zéro. Tu sais bien qu'elles s'affolent pour des broutilles !

Les gamines, visiblement assez perturbées, s'étonnèrent de l'arrivée inopinée de leur grand cousin.

— Qu'est-ce que tu fais là ? lança Astrid d'un ton furieux, dissimulant sous une apparente agressivité son soulagement à voir apparaître un adulte.

Pris au dépourvu, le jeune homme improvisa une excuse bancale.

— Je faisais du rangement pour la messe de dimanche prochain. C'est le curé qui m'a demandé.

— Tu fais du rangement le soir, toi ?

— Je n'ai pas eu le temps avant, je rentrais les foins...

Pour couper court à l'interrogatoire, il s'approcha de l'ouverture et réprima un mouvement de recul. Sur chaque degré de l'escalier gisait le corps d'un pigeon décapité : en bas des marches, les têtes, bien alignées, conduisaient à un vieux panneau de bois sur lequel un autre volatile, ailes grandes ouvertes, avait été crucifié.

Conscient du trouble des trois enfants, Louis prit un ton léger :

— C'est sûrement un coup de Jean-Marie. Il devait savoir que vous viendriez ici ce soir et il a voulu vous faire une farce. Vous savez bien qu'il aime les blagues !

— Elle est pas super, sa blague, rétorqua Blanche un peu tremblante.

— Oui, c'est pas de très bon goût, mais vous le connaissez, il est pas fute-fute ! Au fait qu'est-ce que vous cherchez ?

Contente de l'intérêt subit que manifestait son cousin pour leurs recherches, et ignorant tout de son implication en amont, Astrid sortit le petit message trouvé la veille au cimetière. Louis, soucieux de distraire les gamines de ce spectacle morbide, leur proposa son concours pour découvrir l'étape suivante : elles acceptèrent avec empressement et l'affaire fut promptement pliée. Après quelques hésitations feintes, le jeune homme dirigea sa lampe sur le mur ouest du caveau. Une inscription, incisée dans le vieil enduit, apparut clairement à la lumière rasante de la torche : « Entre château et tinailler / Dans une tour abandonnée / À l'étage doit-on monter / Pour découvrir la vérité ».

Pendant que Blanche recopiait ce nouveau quatrain, d'une qualité littéraire aussi médiocre que le précédent, Louis s'interrogeait. Fallait-il poursuivre ? Le jeu prenait vraiment une mauvaise tournure et, avec ce dingo de Jean-Marie, on pouvait s'attendre à tout. Inutile que les trois gosses fassent des cauchemars toutes les nuits ! Ça n'en valait vraiment pas le coup.

Après le départ des fillettes – trop heureuses à l'idée de réintégrer le rassurant cocon familial -, il entreprit ses cousins :

— Il faut arrêter ! Ça tourne à l'aigre cette histoire.

— Ce n'est jamais que quelques pigeons zigouillés, rétorqua Pierre-André, tu ne vas pas en faire un plat. On n'a quand même pas préparé tout ça pour rien. T'auras qu'à mettre les choses au clair avec le benêt ; dis-lui qu'on se fout éperdument de son trésor et de ses guerres de religion : il finira bien par comprendre !

— Le hic, c'est que, depuis deux jours, il me fait un peu la gueule.

— Pourquoi ?

— Parce que ça fait trois fois que Chouki pique le pompon rouge de son béret et, forcément, ça commence à le gonfler !

— De toute façon, il est grotesque ce pompon. On n'est pas à Toulon ou à Brest ici, intervint Constance.

— Je suis bien d'accord avec toi mais ça ne change rien. Il y tient comme à la prunelle de ses yeux.

— Ecoute, reprit Pierre-André, on voit ça avec lui demain et on en rediscute, d'accord ?

— Si tu veux, mais le résultat n'est pas garanti ; il est têtu le bonhomme...

En reprenant le chemin de ses pénates, Louis ressassait l'épisode du caveau. À l'instar de celui du cimetière le soir précédent, il soupçonnait une certaine logique derrière la mauvaise farce. Mais laquelle ? La question restait pour l'instant sans réponse. En tout cas, il fallait que ces plaisanteries de mauvais goût cessent au plus vite, l'ambiance devenait franchement malsaine.

Arrivé à la grille de la Grande Maison, il pila net tandis qu'une boule se formait dans sa gorge :

— Chouki, non ! ! !

Sur la borne, à droite de l'entrée, la pie était exposée bien en vue. Sa tête formait avec le reste du corps un angle anormal et un filet de sang s'écoulait de son bec légèrement entrouvert. Ses yeux vitreux ne laissaient planer aucun doute, il n'y avait plus rien à faire : passant outre sa sympathie pour le jeune Lantay, Jean-Marie lui avait tordu le cou !

La vision brouillée par les larmes, Louis s'empara délicatement du corvidé dont il caressa la tête avec délicatesse et, se jurant d'obtenir vengeance, il traversa, tête basse et cœur lourd, la petite cour. En entrant dans le hall, il croisa Simone qui quittait la cuisine. Elle nota immédiatement son air hagard.

— Qu'est-ce qui va pas, mon grand ? Tu parais tout remué.

— Jean-Marie a tué Chouki, hoqueta-t-il en montrant le corps inerte du malheureux volatile. Puis renonçant à refouler sa peine, il trouva refuge dans le giron accueillant de la brave femme.

— C'est pas possible, il a pas pu faire ça ! Il va m'entendre le gogol, s'écria-t-elle en serrant tendrement le jeune homme contre sa plantureuse poitrine. Laisse-la moi, ajouta-t-elle avec douceur ; je vais l'installer dans le cellier pour cette nuit ; on trouvera un bel endroit où l'enterrer demain.

Encore bouleversé, Louis alla s'installer sur le perron pour noyer son chagrin dans la contemplation du ciel étoilé. Au moment où il s'asseyait sur une marche, un bel oiseau bicolore se percha sur son épaule et commença à jacasser dans son oreille. Un soulagement immense envahit le jeune homme. Rien ne ressemblait autant à une pie qu'une autre pie ! Misant, à juste titre, sur une probable méprise, le benêt avait trucidé une congénère de Chouki en guise d'avertissement… mais il avait épargné celle-ci !

9
Jeudi 4 Juillet 1974, dans la matinée

Toujours informée la première des événements du village, Mézabeth apprit, dès le lendemain matin, les mésaventures des fillettes et la mort simulée de Chouki. Elle entra dans une colère noire et décida de prendre les choses en main. Pas question de laisser le crétin de service empoisonner l'existence de son petit-fils. Elle allait remettre les pendules à l'heure et au plus vite !

En sortant de sa chambre, elle aperçut sa fille qui se dirigeait vers le salon, un livre à la main. Saharienne à poches multiples, écharpe en coton et Pataugas à semelles crantées, elle avait opté ce jour-là pour le style aventurière du Sahara et se préparait sans doute pour une expédition au fin fond du désert en compagnie de Théodore Monod. La comtesse poussa un soupir navré, se demandant, une fois de plus d'où venait cette passion pour les tenues incongrues. Pas d'elle, en tout cas, qui arborait, toute l'année, un chemisier et un cardigan aux tons pastel sur une jupe droite bien sage. Était-ce pour échapper à la monotonie d'une petite vie bien rangée... ou encore pour oublier un passé douloureux dont sa mère était seule à partager le secret ? Comment savoir ?

Laissant là ses interrogations, elle s'approcha de la baronne.

— Tu m'accompagnes, Marie-Caroline ? Je vais rendre une petite visite à Jean-Marie.

— À Jean-Marie ? Quelle idée !

— Tu n'es pas au courant, s'étonna la vieille dame, qui

relata aussitôt à sa fille, par le menu, les mauvaises farces du cimetière et de l'église.

La réaction de celle-ci fut immédiate.

— De toute façon, il faut que cette stupide chasse au trésor cesse au plus vite. Les gamines sont très impressionnables : les attirer ainsi, à la tombée de la nuit, dans des lieux sinistres risque de les perturber gravement.

— Des lieux sinistres : comme tu y vas ! Ce n'est quand même pas bien méchant ; il s'agit juste de découvrir quelques messages. Pas de quoi les bouleverser !

— Et bien si, justement. D'ailleurs, j'en ai discuté hier avec Alix, elle n'est pas emballée non plus.

Mézabeth fixa longuement la baronne d'un regard inquisiteur :

— C'est le jeu de piste qui te dérange.... ou sa conclusion au Roc-Pertus ?

— Ne remuez pas le passé, mère !

— J'essaye simplement de comprendre... Rassure-moi, tu n'es pour rien dans toute cette histoire j'espère !

— Vous n'y pensez pas, protesta Marie-Caroline qui, le regard humide, tourna brutalement les talons et partit se réfugier au salon.

La comtesse resta, un moment, dubitative, puis, attrapant un foulard de soie à la patère de l'entrée, s'achemina d'un pas décidé vers la maison de Jean-Marie. Parvenue à destination, elle tambourina violemment à la porte et entra sans même attendre de réponse. À sa grande surprise, l'intérieur était parfaitement propre et, dans le genre kitsch, plutôt recherché. Table en formica décorée d'un napperon immaculé, vaisselier rempli de faïences, tapisserie au point de croix des Glaneuses de Millet et cloche suisse accrochée au-dessus de la cheminée, témoignaient d'une indubitable préoccupation esthétique. Certes, la déco n'était pas au goût d'Elizabeth, mais elle s'attendait à bien pire... Au comble de l'étonnement, elle aperçut, posés sur la desserte à gauche de l'entrée, trois gros livres d'histoire consacrés à la Renaissance, à la Réforme et aux guerres de religion. De quoi s'interroger sur la prétendue stupidité de l'occupant des lieux !

Ce dernier, assis dans un fauteuil en cuir, lustré par les ans, écoutait la radio. Il leva un regard furibond vers l'arrivante.

— En v'la t'y pas des façons d'entrer chez quelqu'un !

Déroutée par l'aplomb du bonhomme, qui ne semblait pas autrement troublé par son auguste présence, Mézabeth eut un instant d'hésitation et choisit, temporairement au moins, de faire profil bas.

— Il faut que je vous parle ; c'est à propos du jeu de piste, vous savez...

— J'savions surtout qu'c'est ben une idée à la gomme, c'te chasse au trésor. Faudrait pas qu'il arrive malheur aux gosses...

— Que voulez-vous dire ?

— Qu'c'est sûr'ment pas malin d'les laisser traîner dehors à c't'heure.

— Aucun risque : Louis, Pierre-André et Constance les surveillent de près.

— Moi, pour c'que j'en dis... Mais, c'est pas tout ça ! J'avions du pain sur la planche et point d'temps à discutailler avec vous, donc à la revoyure, M'dame la Comtesse.

— Attendez ! C'est vous, la peinture sur la croix et les pigeons dans le caveau ?

Jean-Marie, qui s'apprêtait à se lever, se figea et fixa, d'un air abasourdi, la vieille dame.

— D'quoi don' qu'vous parlez ?

Soit le gogol ignorait tout de l'histoire, soit c'était un comédien de talent. Il semblait réellement tomber des nues et Mézabeth ne savait plus que penser. Elle décida de le pousser dans ses retranchements pour en avoir le cœur net.

– Je parle des mauvaises farces que vous avez faites aux trois petites en peignant la croix du colonel en rouge et en enterrant des volatiles décapités dans le caveau des Lavoignée. Ne jouez pas les innocents ! Vous devriez avoir honte de vous en prendre à des enfants ! Sans compter la pie trucidée devant la grille que Louis a vraiment prise pour Chouki ! Lui qui croyait que vous étiez amis, il s'est bien trompé, le malheureux.

Sourcils froncés et air buté, le benêt reprit l'offensive :

– Pour la pie, j'dis pas ! Faut dire qu'est vrai chiante c'te bestiole de malheur ! Mais sinon, j'vois mêm'pas de c'que vous causez. C'est don'quoi c't'histoire de croix et d'caveau ? J'avions rien à faire avec tout ça, moi !

– Vous mentez, vous savez très bien de quoi je parle.

– C'est ben toujours pareil ; chaque fois qu'y s'passe kek'chose dans c'trou, c'est l'Jean-Marie qui trinque. Quand la p'tiote Raubry a été troussée, pis tuée, par un gus y'a deux ans, qui don' qu'on a accusé ? L'simplet pour sûr ! Pis finalement, la flicaille, elle a ben fini par dire que j'y étions pour rien. Même qu'on a toujours pas r'trouvé le bougre d'ailleurs… Alors faudrait pas tout m'mettre su'l'dos ! Et pis, laissez-moi tranquille, j'avions à faire !

Consciente de se fourvoyer, la comtesse se disposa à partir. Auparavant, elle sortit de son sac un billet de cinquante francs qu'elle déposa sur la table.

– Achetez-vous un vrai bonnet de marin, avec un pompon bien accroché, comme ça vous serez tranquille avec la pie. En tout cas, je veux plus entendre parler de cette affaire. Louis adore cet oiseau et il n'est pas question de toucher à une seule de ses plumes !

– J'ferai ben comme ça m'plait ; et c'est pas vous qu'allions m'donner des ordres, répliqua Jean-Marie, rouge de colère, en empochant néanmoins le billet d'un geste prompt. Maintenant, fichez-moi la paix, sinon j'vas m'fâcher pour de bon !

En quittant les lieux, la vieille dame aperçut sur la desserte, à côté des livres, une petite plaque métallique de forme ovale qu'en fille de militaire, elle identifia aussitôt comme la plaque d'identité d'un soldat de la Première Guerre. Très usée, elle laissait encore apparaître le prénom, Léon, et la classe de recrutement, 1915, mais le nom de famille était devenu illisible ; ne subsistait que l'initiale, en partie effacée, un R. S'agissait-il de la découverte au Roc-Pertus évoquée la veille par Louis ? Possible. Peu encline à reprendre la conversation avec le gogol, Elizabeth renonça à en savoir davantage et reprit le chemin de la Grande Maison, avec le sentiment amer d'avoir échoué dans sa mission.

En arrivant dans le jardin, elle tomba sur Gérard qui, en slip de bain, se dorait au soleil. Où se croyait-il celui-là ? À Saint-Tropez ? À Colmagny-Plage ? Certes, le gus était plutôt plaisant à regarder avec son bronzage impeccable et sa musculature avantageuse, mais quand même ! Ce n'était pas dans les habitudes locales d'exhiber sa plastique au su et au vu de tous ! Anne-Chantal, qui descendait le perron, se précipita dans les bras de l'éphèbe, l'embrassant à pleine bouche au mépris de toute pudeur et soupira de contentement lorsqu'il lui assena, sur le fessier, une claque sonore. C'en était trop pour la comtesse qui se précipita dans la cuisine dénicher, avec la complicité de Simone, quelques restes du dessert de la veille pour se remonter le moral. Après cette matinée éprouvante, une bonne part de gâteau à la cocotte lui permettrait de se refaire une santé !

10
Jeudi 4 Juillet 1974, dans la soirée

— Pas question de traumatiser les trois petites ! Ce n'est vraiment pas le but du jeu, avait décrété Louis d'un ton sans appel.

Aussi, avec ses cousins, se dirigeait-il vers le colombier, troisième étape de la chasse au trésor, afin de vérifier l'état des lieux avant l'arrivée des fillettes. Par une porte basse, ils pénétrèrent dans la tour ronde située entre la Grande Maison et les bâtiments agricoles, à la lisière d'un bois touffu. Les murs intérieurs, entièrement occupés par des boulins aménagés dans la maçonnerie, avaient accueillis autrefois des couples de pigeons. Au milieu, un axe pivotant, constitué d'une grosse poutre et muni d'une échelle, permettait d'accéder aux cavités, l'une d'entre elles recélant, bien-sûr, le message secret qui permettrait de passer à l'étape suivante. Les boulins du bas abritaient, depuis des années, une vingtaine de baigneurs en plastique qu'Anne-Chantal, alors enfant, y avaient exposés puis oubliés.

— De toute évidence, notre illustre inconnu a encore sévi, s'exclama Pierre-André, visiblement enchanté.

Par terre, écrasées et quasiment réduites à l'état de carpette, les poupées dirigeaient vers la charpente du pigeonnier leurs yeux tout ronds, écarquillés en une ultime interrogation. Bras et jambes en celluloïd, laminés, jonchaient le sol transformé en un véritable champ de bataille. Tracée au charbon de bois sur les dalles de pierre, une inscription précisait clairement les intentions de l'auteur : « Aucune épargnée, toutes écrabouillées ! Arrêtez ! »

— Ça commence à me filer les jetons, cette histoire, dit Constance d'une voix tremblante en s'emparant d'une petite main potelée en plastique, qui avait curieusement échappé au massacre.

— Moi, je trouve ça plutôt marrant, répliqua son frère. Au moins, on ne s'ennuie pas cet été dans ce bled ! Pour une fois, n'hésitons pas à nous faire plaisir !

— Tu es complètement inconscient, intervint Louis furieux ; il faut arrêter tout cela au plus vite. De toute façon...

Un bruit, à l'extérieur, l'interrompit. Il sortit et contourna le bâtiment juste à temps pour voir un individu de grande taille prendre la poudre d'escampette dans le bois. Il s'élança à sa poursuite mais le quidam avait une bonne avance et filait comme un lapin. Fatigué par une journée entière de moisson, Louis peinait à le suivre. Egratigné par les ronces, en nage et le souffle court, il finit par renoncer et s'apprêta à faire demi-tour lorsqu'il aperçut, accrochée à une branche basse, une casquette plate, probablement perdue par le fuyard dans sa course, et dont il s'empara. Puis il revint vers le colombier, observant le couvre-chef en tweed beige, dont la doublure était souillée par une large tache de sang coagulé. Rien qui permette d'identifier le propriétaire : ce dernier ne jugeait pas utile d'étiqueter ses affaires...

Encore tout essoufflé, le jeune homme retrouva ses cousins à l'entrée du colombier :

— Alors ? s'enquit Constance d'un ton inquiet.

— Alors rien ! Il a détalé à toute vitesse et disparu dans le sous-bois. Pas moyen de le rattraper. J'ai juste récupéré ça, répondit-il en leur tendant la casquette.

— C'est mince comme butin, ironisa Pierre-André avec

désinvolture en tournant et retournant la coiffure entre ses mains. En tout cas, moi, ça ne me dit rien du tout. Ça peut être à n'importe quel plouc du village, ce truc-là !

— Un plouc qui s'est blessé à la tête, regarde à l'intérieur.

— Oui, mais ça ne date pas d'aujourd'hui. C'est sec.

— En tout cas ce n'est pas très vieux non plus, le sang est encore bien rouge.

— S'il faut reluquer le crâne de tous les péquenauds du coin pour trouver notre farceur, on n'est pas sorti de l'auberge. En attendant, je propose qu'on remette un peu d'ordre avant que les gamines se pointent. Elles ne vont pas tarder maintenant.

— Hors de question qu'elles viennent ici ce soir ! Il commence à faire nuit. On va leur dire de continuer demain, en plein jour. Et c'est non négociable !

Avant même que son cousin ne puisse émettre une objection, Louis claqua la porte du pigeonnier et, suivi par Constance, reprit la direction du village. Grommelant et traînant les pieds, Pierre-André leur emboîta le pas. Décidément, les vacances promettaient d'être sinistres ! Pas moyen de rigoler un peu dans ce trou perdu : à ce rythme-là, l'été risquait de paraître interminable !

L'arrivée des jumelles, en sens inverse, mit un terme à ce soliloque chagrin et le jeune homme se demanda quel prétexte allait bien pouvoir imaginer Louis pour justifier le contretemps. Mais, visiblement, ce dernier avait d'autres priorités en tête.

— Où est Jeanne ? demanda-t-il tout de go.

— Elle est pas avec nous, mais elle nous a fait jurer de rien dire ! Et d'abord, on n'est pas tes indics ! rétorqua Astrid avec une certaine suffisance.

Excédé par la tournure que prenaient les événements, par l'immaturité de Pierre-André et l'arrogance de la gamine, Louis perdit patience. Son œil brun flamboya d'une rage mal contenue et il attrapa brutalement la fillette par les épaules.

— Réponds-moi et tout de suite ! rugit-il en approchant son visage crispé du sien.

— Arrête ! Tu me fais mal, pleurnicha Astrid, effrayée par cette soudaine explosion de colère.

— Où est-elle ? Vas-tu me répondre, oui ou non ? hurla le jeune homme en levant la main d'un air menaçant.

Sidérés par l'attitude de leur cousin, habituellement bienveillant et maître de ses nerfs, Pierre-André et Constance observaient la scène bouche bée. Ce fut Constance qui réagit la première, s'interposant pour protéger la jumelle qui éclata en sanglot et finit par avouer d'une petite voix : « Elle est avec François Ravineau… à la Maison borgne ».

Pressentant cette réponse et imaginant le pire, Louis se rua vers la partie basse du village, suivi de Pierre-André qui semblait ravi à l'idée de jouer les redresseurs de tort. D'une même foulée, ils dévalèrent le chemin de terre qui faisait office de raccourci et se précipitèrent dans une impasse mal éclairée qui desservait la Maison borgne. Désaffectée depuis des années, celle-ci tirait son nom de deux fenêtres en façade dont on avait obturé la plus grande pour consolider le bâtiment qui menaçait ruine.

— On n'y voit goutte, se plaignit Pierre-André en butant sur une racine.

— Tais-toi, j'entends quelque chose.

Contournant discrètement le pignon, les deux jeunes passèrent dans le jardin, presque obscur à cette heure, et aperçurent deux ombres assises sur un vieux banc de pierre.

— Voici nos tourtereaux : il ne semble pas qu'il y ait de quoi fouetter un chat, s'esclaffa Pierre-André.

Ce n'était visiblement pas l'avis de Louis qui se

dirigea d'un pas résolu vers Jeanne et lui administra une gifle retentissante. Frottant sa joue brûlante, l'adolescente agonit son cousin d'injures tandis que son amoureux déployait son impressionnante carrure dans une posture agressive. Soucieux d'éviter un mauvais coup, Louis empoigna le bras de la gamine et l'entraîna à distance.

— Espèce de crétine dévergondée ! Je vais tout dire à tes parents.

— J'ai rien fait de mal, se récria-t-elle ; on discutait c'est tout !

— Tu expliqueras ça à ta mère, ça m'étonnerait qu'elle gobe ce mensonge ! Et crois-moi, elle n'est pas prête à te laisser ressortir le soir. En attendant, file chez toi : et si je te revois dans la rue, tu auras de mes nouvelles !

Plutôt satisfaite de s'en tirer à si bon compte, Jeanne se carapata au plus vite. Sans plus s'occuper du fils Ravineau, dont l'hostilité avait disparu d'un coup, les deux cousins reprirent le chemin du « haut » du village. Pierre-André arborait une mine réjouie.

— La petite Jeanne n'est pas tout à fait une gourgandine... mais, à ce rythme-là, je ne suis pas sûr qu'on puisse longtemps l'appeler Jeanne la Pucelle ! ! !

Louis lui jeta un regard consterné : décidément, on ne le changerait pas celui-là !

11
Jeudi 4 Juillet, dans la soirée

Drapé dans une ample robe de chambre, trop chaude pour la saison, l'homme transpirait. Il s'en dévêtit et appuya son front moite contre la vitre, étonnamment fraîche malgré la douceur de cette nuit estivale.

À la clarté de la lune et des rares réverbères, qui diffusaient une lueur chiche sur la chaussée, il aperçut une silhouette furtive : celle de Jeanne qui, d'une allure trébuchante et précipitée, rejoignait le domicile familial. Quelle hypocrite celle-ci ! Sous ses airs trompeurs de sainte-nitouche, elle cachait bien son jeu. Son amourette ridicule avec ce voyou de Ravineau avait suffi pour dévoiler sa vraie nature : une fausse ingénue qui n'hésitait pas à ruiner sa réputation avec les petits coqs du village ! Sa famille ferait bien de la surveiller de près !

Le visage de l'homme se crispa tandis qu'il fermait les yeux. Quand il les rouvrit, il vit passer devant le pré à cochons les trois grands cousins, lancés dans une discussion animée. De toute évidence, le sujet ne faisait pas consensus et le ton montait. Il faut dire que le jeu de piste, dont ils étaient les initiateurs mal inspirés, risquait fort de mal tourner. Pas de quoi s'alarmer, ceci dit ! Si ses informations étaient justes, les gamines se contenteraient de terminer leur recherche dans la première cave du Roc-Pertus et n'iraient pas chercher plus loin. Inutile donc de se tracasser outre mesure : il suffirait, par mesure de précaution, d'y mettre un coup d'arrêt au cas où....

Le vrai danger, quant à lui, venait de Jean-Marie. Avec ses

délires de trésor caché au moment des guerres de religion, le gogol représentait une menace autrement plus sérieuse et risquait de remuer pas mal de boue. Pas question de le laisser déterrer une histoire qu'on avait réussi à tenir secrète. À quel prix d'ailleurs !

À ce souvenir, l'homme se prit la tête dans les mains ; une boule d'angoisse lui noua la gorge et la poitrine, l'empêchant, pendant quelques secondes, de respirer. Trop tard, de toute façon pour faire machine arrière ou pour nourrir des remords tardifs : il n'avait pas eu le choix. Il fallait protéger la famille ! Impossible de laisser le crétin tout foutre en l'air maintenant avec ses idées débiles. Il devait agir….

D'un pas lourd, mais déterminé, il se dirigea vers le placard du palier où était conservé un vieux pistolet Ruby de la Seconde Guerre.

12
Vendredi 5 juillet, le matin

La troisième étape du jeu de piste, qui s'était déroulée en pleine journée, conformément à la décision de Louis, n'avait été qu'une formalité ; le boulin, à droite de la lucarne supérieure du colombier, avait bien vite livré son secret aux trois fillettes sous la forme d'un nouveau quatrain : « Pour faire le vin / Du raisin / Pour tirer le jus / Quoi de plus ? ». Une référence limpide à la petite activité de viticulture qu'avaient longtemps pratiquée les Lantay sur quelques arpents de terrain caillouteux mais bien orientés en contrebas du jardin.

Certes, leur production n'avait jamais contribué à la réputation de la Bourgogne en la matière. On était loin des Chambertin, Pommard et autres Romanée ! Le cru local était une infâme piquette que Mamidou, soucieuse de valoriser les revenus de ses terres, avait néanmoins consommée, pendant des années, à chaque repas. Mais les choses changèrent lorsque son fils Albert convola en justes noces avec Alix, l'héritière d'une grande maison viticole située sur la « côte » chalonnaise. Le palais de cette dernière, habitué aux prestigieuses appellations bourguignonnes, s'accommodait assez mal de l'âpreté rustique du petit rouge de Colmagny. Après un laps de temps jugé suffisant pour ne pas froisser la susceptibilité de la maîtresse des lieux, apparut subrepticement sur la table de la salle à manger une bouteille de Mercurey. La plupart des convives, bien conscients de l'aubaine, se réjouirent de l'initiative tandis que la belle-mère, accrochée à ses principes, ignora superbement la manœuvre. Mais le stoïcisme n'eut qu'un temps et, après plusieurs semaines de résistance, Mamidou daigna enfin tremper ses lèvres dans le divin nectar. Vaincue par sa longueur en bouche et son bouquet de fruits rouges, elle changea discrètement son fusil d'épaule. La piquette locale disparut définitivement des tables de la Grande Maison : personne ne s'en plaignit ! Depuis l'automne précédent, le baron avait même renoncé à entretenir sa vigne et, en quelques mois, la nature avait repris le dessus. Les rangs bien alignés et rigoureusement accolés s'étaient transformés en une friche informe dans laquelle les ceps se déployaient en gigantesques sarments qui s'enchevêtraient. Louis se promettait de nettoyer le terrain pour y créer un verger mais la tâche s'annonçait titanesque….

Pour l'heure, il avait d'autres préoccupations : il se reprochait amèrement d'avoir cédé à Pierre-André en acceptant de maintenir, le lendemain soir, l'étape suivante du jeu de piste, qui devait se dérouler au pressoir. Il faudrait tout vérifier une fois de plus quitte à reporter, voire annuler, le jeu si l'inconnu à la casquette sévissait de nouveau.

Perdu dans ses pensées, il faillit bousculer Mézabeth qui attendait Mamidou dans le hall pour leur balade matinale dans le village. Sa grand-mère se moqua gentiment :

— Eh bien, mon grand, on rêve !

— Excusez-moi, je m'inquiétais pour la chasse au trésor, répondit le jeune homme avant de se lancer dans la relation détaillée des événements de la veille et la découverte de la casquette.

— Dommage que tu n'aies pas réussi à savoir qui était derrière tout cela ; en tout cas, Jean-Marie n'y est pour rien, même s'il continue à fouiner au Roc-Pertus. Tu nous as dit avant-hier qu'il avait trouvé quelque chose là-bas. Tu sais ce que c'est ?

— Vaguement ; il a parlé à Pierre-André d'une sorte de médaille avec un prénom et une date je crois.

— Oui, c'est bien ce que j'ai vu chez lui, à côté de la porte d'entrée, sur la desserte. Une espèce de badge pour identifier les soldats de la Première guerre.

— De quoi s'agit-il ? Peut-on me tenir au courant ? intervint Mamidou qui descendait l'escalier.

Après une explication rapide sur la trouvaille faite par le gogol, la comtesse s'empara du carnet posé à côté du téléphone et s'efforça de reproduire, d'un trait maladroit, la petite plaque métallique aperçue chez le simplet. Elle tendit son dessin à Yvonne qui haussa les épaules.

— Oui, c'est une « carte » d'identité de poilu. Et alors ?

— Et alors, j'aimerais bien comprendre pourquoi l'annonce d'une découverte au Roc-Pertus a perturbé à ce point Raymond Bontemps avant-hier ?

— Ça n'a peut-être rien à voir avec cette plaque.

— On ne sait pas...Vous avez une idée de qui pourrait être ce Léon ?

— De but en blanc, pas la moindre. Je n'ai pas souvenir de quelqu'un portant ce prénom dans le village.

— Et pour le R du nom ?

Désireux d'apporter son concours à l'enquête, Louis ouvrit l'annuaire des PTT et le consulta rapidement.

— Il y a seulement 4 noms.

Yvonne pinça les lèvres en une moue dubitative :

— De toute façon, rien ne prouve que le bonhomme, ou ses descendants, habitent Colmagny ; mais dis toujours !

— Raubry, Ravineau, Robitaille et Rollet.

— On peut tout de suite éliminer les Robitaille ; ils ne sont installés dans le village que depuis une dizaine d'années et sont d'origine canadienne, de Montréal je crois.

— Il y a donc trois possibilités, intervint Mézabeth, soucieuse de reprendre la direction des affaires. S'il s'agit des Raubry, nous ne le saurons jamais. Depuis le viol et la mort de la petite Marion il y a deux ans, ils vivent complètement isolés et ne côtoient plus personne. C'étaient pourtant des gens plutôt conviviaux avant le drame.

— On n'a jamais identifié le coupable ou c'est la loi du silence ? s'enquit Louis.

Sa grand-mère prit un air fataliste.

— L'enquête de la gendarmerie n'a pas abouti mais ça ne veut rien dire. Tu sais ce qu'il en est dans les petits villages : on n'aime pas trop étaler le linge sale sur la place publique !

— On peut aussi exclure les Rollet, reprit Mamidou. Alfred, qui a l'âge de Charles-Henri, est un enfant de l'Assistance et sa femme est née Dalmas.

— Ne reste donc que les Ravineau, conclut Mézabeth. Autant dire que l'affaire est mal engagée. Compte-tenu des rapports que nous entretenons avec Fernand, le père de François, nous ne sommes pas près d'obtenir une réponse à nos interrogations.

Un coup de sonnette discret interrompit l'échange et la porte s'ouvrit sur Raymond Bontemps, les bras chargés de livres et le souffle court.

— J'ai apporté un peu de lecture à Marie-Caroline, dit-il tout haletant.

— Posez vite ça ici, répondit Louis en désignant une chaise et en le débarrassant de l'énorme ouvrage de Kenneth John Conant consacré aux fouilles archéologiques de Cluny.

— Vous n'avez pas l'air bien, vous voulez vous asseoir un moment, proposèrent courtoisement les grands-mères.

— Non, vous êtes gentilles ; je vais rentrer faire une sieste apéritive avant le déjeuner. Hier, je suis allé rendre une visite à notre bon docteur Reynié : le verdict n'est pas très favorable. J'ai beaucoup trop fumé et j'en paye le prix, voilà tout ! Allez ! Suffit les jérémiades ; je ne vais pas m'appesantir sur mes petites misères, elles ne présentent aucun intérêt. Je vous laisse en famille, mes amitiés à Charles-Henri et à Marie-Caroline !

En repartant, il avisa le dessin que Mamidou avait posé sur la console de l'entrée et haussa les sourcils d'un air interrogatif.

– On dirait la représentation d'une plaque de la Première guerre, je me trompe ?

– Non, j'ai reproduit celle que Jean-Marie a découverte au Roc-Pertus ; vous avez une idée de son « propriétaire » ? questionna Mézabeth.

– Absolument aucune, répondit d'un ton navré le vieil homme qui, secoué par une violente quinte de toux, quitta les lieux sans s'attarder davantage.

Le mystère restait entier...

13
Vendredi 5 juillet, dans l'après-midi

Perplexe, Jean-Marie observait la petite pièce métallique trouvée au Roc Pertus, dont il avait, sans difficulté, déterminé la provenance : dans sa jeunesse, son grand-père, ancien « poilu » l'abreuvait, jusqu'à plus soif, de récits de tranchées, tous plus morbides les uns que les autres, et il n'ignorait rien de la vie au front pendant la Grande guerre. Restait à savoir qui pouvait bien être ce Léon dont le nom de famille était presque effacé. Aucune information supplémentaire sur le revers de la plaque, complètement usé : du numéro de matricule ne subsistait qu'un chiffre à peine lisible, un 5 ou un 3. La région d'incorporation avait, quant à elle, complètement disparu.

Abandonnant là ses cogitations stériles, le simplet s'empara de son béret, d'une torche, d'une vieille vareuse en toile d'un bleu délavé et d'une paire de gants épais qu'il fourra dans la poche, avant de sortir en refermant soigneusement sa porte à clef. L'évacuation du tas de débris, dans la dernière cave du Roc-Pertus, lui permettrait peut-être d'en apprendre plus. Il était temps de s'y remettre !

Devant le pré à cochons, les trois gamines Lantay jouaient à chat perché, s'interpellant d'une voix aiguë. Si les jumelles, dont les cris résonnaient dans tout le village, semblaient prendre un réel plaisir à se jucher sur les bornes, escaliers et autres murets, Jeanne manifestait nettement moins d'enthousiasme et arborait un air boudeur. L'arrivée de Jean-Marie offrit une cible parfaite à sa mauvaise humeur.

— Tiens, voilà l'intello de Colmagny, se gaussa-t-elle, suffisamment fort pour que le propos parvienne aux oreilles de l'intéressé et provoque le fou-rire de ses sœurs.

— Sale bécasse, j'vas t'coller une bonne raclée, t'l'auras pas volée ! rétorqua Jean-Marie d'un ton furieux, excitant l'hilarité des petites, qui décampèrent néanmoins pour échapper à d'improbables représailles.

Après un regard sombre et un ricanement méprisant, en guise d'ultime défi, Jeanne détala à son tour. Blessé plus qu'il ne voulait l'admettre, le benêt haussa les épaules et reprit sa route en grommelant dans sa barbe, les sourcils froncés. Ces trois pestes ne l'emporteraient pas au Paradis, un jour ou l'autre il trouverait bien le moyen de prendre sa revanche ! Tout à ses projets de vengeance, il donna un coup de pied rageur dans un caillou que le hasard avait placé sur son chemin.

— Te v'la bien énervé, lui lança un individu trapu qui débouchait de la ruelle de l'église et évita de justesse le projectile.

— Oh, j'te fais excuse, l'Alfred, j't'avions point vu !

Fidèle compagnon de beuverie de Jean-Marie, Alfred Roumiguet habitait à Sernolay, le bourg voisin, où les deux hommes se retrouvaient régulièrement pour écluser des canons de blanc au bistrot. Quincailler, il possédait à Cluny un magasin particulièrement étonnant, qui était resté dans son jus depuis la Troisième République. On y trouvait absolument de tout et le propriétaire, encore vaillant malgré son âge avancé, dénichait sans difficulté, au milieu d'un foutoir inouï, ce que souhaitait le chaland, donnant même de sa personne pour cisailler les rouleaux de grillage ou scier, à la longueur désirée, les planches de bois.

Heureux de cette rencontre inopinée, le simplet épancha

sa rancœur dans l'oreille complaisante de son compère avant de conclure avec amertume :

— D'toutes les façons, j'm'en prends toujours plein la trombine dans c'trou ; c'est pas une vie, pour sûr !

— T'inquiète donc pas et viens plutôt descendre des gorgeons avec moi au lieu de broyer du noir ; ça te remettra les idées en place !

— Pas l'temps, j'avions trop d'pain sur la planche ce jourd'hui ; on r'met ça une aut'fois si ça t'dit.

— C'est comme tu veux ; alors j'te laisse ; passe demain si tu peux. Allez, à la revoyure !

Un peu calmé mais soucieux de se soustraire aux railleries des villageois, Jean-Marie s'engagea dans un sentier mal entretenu et encadré d'épais taillis, baptisé Chemin bleu en raison des nombreuses pervenches qui festonnaient ses bordures et formaient, en mars, un tapis azuréen de toute beauté : ce passage, à peine praticable et presque toujours désert, permettait d'éviter la route principale et, moyennant un petit détour, desservait le Roc-Pertus où le gogol arriva en une vingtaine de minutes. Alors qu'il franchissait le petit portillon de bois qui donnait accès au pré, il entendit un bruissement d'ailes et leva les yeux ; il aperçut Chouki qui, par un vol en spirale, s'approchait subrepticement de son béret. La colère le reprit d'un coup et, après avoir retiré sa veste, il la brandit à bout de bras et se mit à effectuer de grands moulinets pour éloigner l'oiseau. Un pan du vêtement, alourdi par la torche glissée dans la poche, accrocha la longue queue de l'espiègle volatile qui, après une maladroite tentative de rétablissement, s'abattit au sol, sonné. Jean-Marie poussa un cri de victoire et s'empara précipitamment d'une pierre du muret ; il s'approcha de la pie, un sourire mauvais aux lèvres.

— Alors, t'fais moins la fière maintenant ! T'vas plus

m'emmerder ben longtemps, c'est moi qui te l'dis !

Couchée sur le flanc, Chouki le fixait de son œil rond et brillant. Le gogol souleva le moellon au-dessus du pauvre oiseau encore groggy ... et s'immobilisa un instant, la main en l'air, avant de balancer, à contrecœur, la pierre dans le fossé.

— J'suis ben trop brave, et surtout ben trop couillon, maugréa-t-il en pénétrant dans la pâture et en dégageant à grands coups de pied, tous les cailloux du chemin.

À la sortie du sentier, dissimulé dans un bosquet feuillu, un homme ne le quittait pas des yeux. Finalement cet idiot n'était pas insensible ! Qui l'eut cru ? Avec ses allures rustaudes, il trompait bien son monde et était peut-être moins crétin qu'on ne le disait. De toute façon, ça ne changeait rien. Capable d'éprouver des sentiments ou non, il devait disparaître de la circulation. Mais où agir ? Impossible de lui régler son compte dans les caves : il y passait beaucoup trop de monde depuis que ce malencontreux glissement de terrain en avait dégagé l'accès. En revanche, le Chemin bleu pourrait faire l'affaire : suffisamment éloigné des maisons pour amortir la détonation, et suffisamment touffu pour y dissimuler facilement un cadavre. En plus, à l'exception du simplet, personne n'y mettait plus les pieds depuis « l'affaire Marion Raubry ». On n'était pas près de retrouver son corps... si tant est que quelqu'un s'inquiétât un jour de sa disparition. Le problème serait réglé avant la fin de la journée. Il suffisait d'aller récupérer le pistolet, resté dans le placard du palier, et d'attendre, dans la petite cadole abandonnée près du sentier, que le quidam revienne au village.

Ignorant tout de la menace qui pesait sur lui, Jean-Marie se dirigea vers les ruines, descendit avec précaution l'escalier et se faufila dans la brèche du mur qui donnait accès à la dernière cave. Il eut un instant de découragement en observant l'énorme tas de pierres et de tuiles, dont il n'avait fouillé, en trois jours qu'une infime partie pour un résultat, somme toute, modeste. Puis s'armant de courage, il enfila les épais gants de cuir et reprit son travail de fourmi. Deux heures plus tard, complètement en nage, il décida de s'accorder une pause. Avisant, dans le fatras de meubles abandonnés sur place, un tabouret presque intact, il s'y assit pesamment et laissa son regard errer sur les lieux au gré des mouvements de sa torche. S'attardant sur le matelas éventré, investi par une ribambelle de souris, il observa leur divertissant manège. Au beau milieu du rembourrage de laine, un objet circulaire plus foncé attira son attention. Il s'approcha, provoquant un mouvement de panique chez les rongeurs, et s'empara d'un écusson en tissu qui figurait une sorte d'oiseau curieusement stylisé, brodé d'un fil blanc sur fond noir et entouré d'un cercle de même couleur. L'insigne ne lui était pas inconnu mais sa mémoire lui jouait des tours : impossible de se rappeler !

Faute d'obtenir une réponse immédiate à ses interrogations, il fourra l'objet dans la poche de son pantalon et tomba sur le billet de 50 francs que Mézabeth lui avait laissé l'avant-veille pour acheter un bonnet de marin. Une véritable aubaine ! Au lieu de dépenser inutilement cet argent dans un second béret, il allait fêter sa découverte en payant une tournée à son pote chez Ginette, au café. Et puis, qui sait ? L'Alfred serait peut-être capable de mettre un nom sur ce drôle d'oiseau blanc, allez savoir.... Ragaillardi par cette réjouissante perspective, Jean-Marie abandonna illico ses recherches, sortit avec soulagement des caves et, tournant le dos à Colmagny, emprunta une étroite sente qui rejoignait la route de Sernolay.

Inconfortablement installé dans la cadole, l'homme au

pistolet attendit longtemps... en vain.

14
Vendredi 5 juillet, en fin d'après-midi

Avec sa galerie mâconnaise, ses assises irrégulières de pierres dorées et son toit de tuiles plates, la bâtisse, qui surplombait la route de Cluny à la sortie de Colmagny, était un bel exemple d'architecture bourguignonne. Mézabeth l'observa longuement, un demi-sourire aux lèvres. Que de souvenirs heureux, mais aussi tragiques, étaient liés à cette maison !

Ingénieur en chef dans l'entreprise Schneider et Cie, la puissante industrie sidérurgique du Creusot, son mari Eugène l'avait achetée en 1936 pour fuir l'atmosphère méphitique de la ville. Tous les week-ends, avec la petite Marie-Caroline, ils venaient y goûter les plaisirs de la campagne. Le couple s'était facilement intégré à la population locale et avait très vite sympathisé avec les Lantay, férus, comme eux, de littérature. Devenus des habitués de la Grande Maison, Elisabeth et Eugène y passaient de longues heures, disputant avec leurs hôtes, Yvonne et son époux Emile, d'interminables parties de lettres.

Les yeux perdus dans le vague, la comtesse revoyait ces moments avec une précision inouïe : la petite table à jeu du salon, le plateau couvert d'une feutrine verte élimée, les voyelles et consonnes, imprimées sur de petits cartons jaunis, complètement écornés, et sortis d'un vieux sac en grosse toile qui dégageait des remugles peu ragoûtants..., rien n'y manquait ! Le lieutenant-colonel jouait avec une rigueur toute militaire, d'autant plus concentré qu'il détestait perdre. Drapé dans sa dignité d'officier rompu à tous les dangers, il ignorait avec superbe le frelon qui s'introduisait dans la place tous les soirs dès qu'on allumait la lampe, et vrombissait au-dessus des joueurs. Yvonne, nettement moins stoïque, suivait d'un regard inquiet les circonvolutions du gros insecte et se décidait, au bout d'un laps de temps plus ou moins long, à sonner la retraite. Les lieux étaient finalement abandonnés à l'ennemi et chacun se repliait alors dans ses pénates.

Marie-Caroline, quant à elle, s'était prise d'amitié pour les fils Lantay, manifestant une nette préférence pour l'aîné, Charles-Henri, que servaient un physique avantageux et un heureux caractère. Les quatre enfants étaient devenus inséparables, passant leurs journées dans les dépendances agricoles à imaginer mille jeux dans lesquels Albert le rêveur, déjà perdu dans ses spéculations scientifiques, faisait souvent office de souffre-douleur, un rôle qu'il assumait de bonne grâce.

En juin 1940, Le Creusot fut occupé par l'armée allemande, soucieuse de contrôler la production d'armement des usines Schneider. Eugène, inquiet, décida de mettre au vert sa femme et sa fille à Colmagny, alors situé en zone libre. Resté, malgré lui, à son poste, il ne survécut pas au conflit, trouvant la mort lors du bombardement anglo-américain du 21 juin 1943.

En 1949, Marie-Caroline, encore mal remise du drame qui l'avait directement touchée à la fin de la guerre et dont elle ne disait jamais mot, épousa Charles-Henri de Lantay : Mézabeth, qui disposait dès lors du gîte et du couvert à la Grande Maison, vendit la bâtisse de la route de Cluny, et partit s'installer à Dijon ; quelques années plus tard, elle y retrouva, avec plaisir, Yvonne qui s'était acheté un bel appartement en centre-ville après la disparition de son mari à Diên Biên Phu. Depuis, les deux femmes, en désaccord sur tout, à l'exception d'une adoration partagée pour leur petit-fils Louis, qu'elles considéraient l'une et l'autre comme la huitième merveille du monde, ne se quittaient plus.

– Tu me parais bien partie dans tes pensées, la Zeth ! lança une voix moqueuse.

La comtesse sursauta, brutalement rappelée à la réalité et, se retournant, vit approcher Lucienne, la grand-mère de François Ravineau. Cette dernière était devenue sa voisine la plus proche lorsque son mari Maurice avaient repris, à la fin de la guerre, l'exploitation de la famille Combes, située un peu plus bas sur la pente. D'un naturel chaleureux, elle s'était toujours montrée attentionnée, et, en dépit de ses différends avec son fils aîné, Fernand, Elizabeth éprouvait pour elle une réelle sympathie.

– Eh oui, à notre âge, il ne nous reste plus qu'à vivre dans les souvenirs ! répondit-elle en riant.

– Hélas, ils ne sont pas toujours bien gais. Depuis quelque temps, je n'arrête pas de ruminer l'affaire Joseph Combes. Tu sais, le gosse qui avait planqué des armes au Roc-Pertus et qui a été exécuté par les Allemands.

– Pourquoi ? Il y a du neuf ?

– Non, mais j'ai entendu Maurice et Fernand discuter de lui l'autre jour. Quand j'ai voulu en savoir davantage, ils sont devenus muets comme des carpes. Je me demande bien ce qu'ils me cachent et ça me travaille un peu... surtout depuis que les caves sont, de nouveau, à l'air libre !

– Inutile de te faire du souci, ma bonne Lucienne, c'est de l'histoire ancienne, tout ça.

– Il n'empêche, j'aimerais bien savoir ce que fricote Fernand depuis quelques mois et si ça a un rapport avec cette histoire ; il est toujours par monts et par vaux et laisse tout le boulot à son père. Mon pauvre homme, il n'a plus l'âge de tenir seul la ferme : il risque d'y laisser sa santé !

— Tu te tracasses trop, ça va s'arranger j'en suis sûre. À propos de la guerre, dis-moi plutôt si tu ne connaîtrais pas, dans le coin, un Léon qui aurait participé à celle de 14-18.

— Pourquoi tu me demandes ça ?

— Jean-Marie a trouvé une plaque d'identité de poilu en fouinant dans les caves ; mais on ne peut lire que le prénom et l'initiale du nom, un R.

Lucienne fronça les sourcils d'un air dubitatif, puis, après quelques secondes de réflexion, haussa les épaules.

— Un Léon, non, mais un Léonce, oui. C'était le prénom d'un des « résistants » justement. Il n'y avait que des jeunots dans le groupe, sauf lui, qui était beaucoup plus vieux que les autres, la cinquantaine bien sonnée. Il venait de Bragy, tu sais, le hameau complètement isolé derrière le bois des Brûlées. Mais je ne connais pas son nom de famille.

— Il avait fait la Grande guerre ?

— Je n'en sais rien, mais c'est bien possible ; il avait l'âge en tout cas.

— Il est toujours en vie ?

— Oui, mais on m'a dit qu'il avait eu une attaque l'hiver dernier : tu ne pourras rien en tirer, il ne dit plus un mot.

— Tant pis, cette plaque gardera son secret... Bon allez, il faut que j'y aille moi ! Ne te fais pas de bile avec les vieilles affaires, c'est du passé ! Embrasse Maurice pour moi, à bientôt.

Ne te fais pas de bile ! Facile à dire aux autres : encore faudrait-il appliquer ce pertinent conseil à soi-même ! Très perturbée, elle aussi, par des souvenirs qu'elle aurait préféré oublier, la comtesse reprit le chemin de la Grande Maison. Des images sinistres lui venaient à l'esprit : la compassion maladroite des gendarmes, venus lui annoncer, en ce début d'été 43, la mort de son mari, enseveli sous les décombres du Creusot ; le visage tuméfié et déformé par la terreur de Joseph Combes, traîné par les

Allemands dans tout le village avant son exécution ; les protestations haineuses de Fernand Ravineau lorsqu'elle l'avait accusé d'être l'auteur de la délation ; le désespoir de Marie-Caroline et ses crises de larmes incessantes après la terrible épreuve.... La vieille dame eut un mouvement d'humeur. Hauts les cœurs que diable ! Elle n'allait quand même pas pleurnicher sur des faits qui remontaient à presque 30 ans ! Ce n'était pas le moment de sombrer dans une déprime tardive : il y avait prescription !

La cloche de la Grande Maison qui annonçait le dîner, et la perspective du délicieux bœuf bourguignon, que Simone mitonnait depuis la veille, l'arrachèrent à ses ruminations moroses. Elle accéléra le pas et adopta une attitude offensive, prête à en découdre avec ce prétentieux de Gérard s'il se permettait encore des réflexions désobligeantes sur sa gourmandise. Pas question, après avoir vécu tous ces drames, de se laisser empoisonner l'existence par ce petit coq stupide !

15
Vendredi 5 Juillet, dans la soirée

Contrairement aux craintes de Mézabeth, le dîner se déroula sans encombre, dans une ambiance parfaitement sereine. Juste après, alors que le temps se gâtait, Louis, Pierre-André et Constance, précédés des deux grands-mères, qui avaient exigé de les accompagner, partirent vérifier l'état du pressoir avant que ne débute la quatrième étape de la chasse au trésor.

Le spectacle fut à la hauteur de leurs appréhensions ! Au sol, gisaient les corps détrempés de trois chatons qui baignaient dans une flaque saumâtre ; deux autres, encore ruisselants d'eau, étaient accrochés par la queue à la vis sans fin du mécanisme. Le tableau des cinq bestioles, tout juste noyées, jeta un froid. Même Pierre-André parut choqué et, pour une fois, resta silencieux, se contentant de récupérer le message glissé sous la grosse poutre qu'il tripota nerveusement, le regard dans le vide.

— Cette fois, on arrête tout, impossible de continuer dans ces conditions ! décréta Mamidou en s'emparant du bout de papier jauni qu'elle déplia avec irritation avant de le tendre à la comtesse qui le parcourut rapidement.

Sans surprise, l'habituel quatrain y indiquait la destination suivante : « Pour tout savoir / Une pierre noire / Comme un miroir / Près du lavoir ». La vieille dame le froissa et le lança par terre d'un geste agacé.

— Oui, ça sent vraiment le roussi cette histoire. Yvonne a raison : terminé ! Vous trouverez autre chose à faire ! Allez dire aux gamines qu'elles resteront chez elles ce soir. De toute façon, il fait un temps à ne pas mettre un chat dehors. Enfin, pas un chat, non… je me comprends, un chien plutôt !

Les trois jeunes étant partis prévenir les fillettes, Mézabeth entreprit de faire le tour de l'impressionnant pressoir qui occupait, à lui seul, la plus grande partie du local. À l'arrière, tracée dans la terre battue, une inscription attira son regard. Elle la lut et se figea ; elle connaissait parfaitement l'expression utilisée et sut immédiatement d'où venait le message. Des souvenirs lugubres, qu'elle aurait voulu enfouir à tout jamais dans les tréfonds de sa mémoire, ressurgirent d'un coup. Ce salopard s'était finalement résolu à tomber le masque, mais dans quel but ? De toute façon, elle était la seule à pouvoir comprendre la phrase et identifier son auteur. Il n'avait quand même pas l'intention de tout déballer maintenant, après tant d'années ? Impensable : lui-même risquait trop gros. Mais alors : à quoi jouait-il ? Il voulait que la chasse au trésor s'arrête ? Eh bien, c'était fait, point final ! Il l'apprendrait très vite puisqu'il était si bien informé. Ne restait plus qu'à espérer qu'il s'en tienne là…

Complètement troublée, la vieille dame n'entendit pas arriver Mamidou et tressaillit lorsque celle-ci posa une main amicale sur son bras.

— Que se passe-t-il, Elizabeth, vous n'avez pas l'air bien ? Vous êtes pâle comme un linge.

— Rien de grave, un petit problème digestif. Mais j'ai trouvé quelque chose d'autre, là, par terre.

Prenant appui sur sa canne, Mamidou se pencha en avant et lut tout haut les quelques mots tracés au sol.

— « Il suffit d'avoir une longueur d'avance » … Je ne vois pas du tout ce que ça peut vouloir dire. Vous avez une idée ?

— Aucune, ça ne me dit rien non plus, mentit Mézabeth avec aplomb, retrouvant progressivement ses esprits.

— Quoique… Attendez, j'ai peut-être compris. Il y a une

logique là-dedans. Venez vous asseoir sur le banc pour vous reposer et reprenons tout depuis le début. Je pense avoir au moins une réponse à nos questions.

En quelques mots, Mamidou exposa sa théorie à son amie qui, une fois n'est pas coutume, ne put qu'opiner tant celle-ci concordait avec les faits. D'après Yvonne, le bonhomme prenait un malin plaisir à prouver qu'il avait « toujours une longueur d'avance » : pour ce faire, il annonçait, par des mises en scènes sordides, l'étape suivante du jeu de piste. Tout collait ! La branche gauche de la croix maculée de faux sang pour désigner le croisillon nord du transept, où se trouvait le caveau des Lavoignée ; les pigeons décapités et crucifiés pour le colombier ; les baigneurs écrabouillés pour le pressoir et, enfin, les chatons noyés pour l'étape prévue au lavoir. À chaque fois, il affichait clairement la couleur, montrant qu'il n'ignorait rien de la chasse au trésor et menait la danse à son gré. Une manière implicite de donner davantage de poids à ses menaces !

Au-delà de cette interprétation irréfutable, Mézabeth savait bien que la démarche témoignait d'une intention encore plus perverse : celle de lui adresser personnellement une mise en garde, en actualisant une formule qui avait fait ses preuves 30 ans auparavant. Elle en eut le vertige.

— Rentrons, si vous voulez bien, dit-elle d'une voix blanche, je me sens vraiment nauséeuse ; je crois que je vais aller me mettre directement au lit.

— Bien-sûr ! Je parle, je parle et j'en oublie que vous êtes fatiguée ! Excusez-moi.

Se tenant par le bras, les deux grands-mères rejoignirent, d'un pas de sénateur, la Grande Maison. La comtesse, sans même repasser par le salon où s'était réunie la famille comme chaque soir, gagna directement sa chambre. Eteignant la lumière, elle s'étendit tout habillée sur le gros édredon qui couvrait le lit bateau et ferma les yeux. Elle revoyait tout : le soldat allemand en compagnie de Fernand Ravineau qui lui désignait la grange des Combes, la violente altercation qu'elle avait eu avec cette petite ordure, l'accusant d'envoyer à la mort un de ses camarades pour récupérer sa ferme, les dénégations outragées du voyou, qui clamait haut et fort son innocence, et surtout l'enveloppe en épais papier kraft trouvée dans sa boîte aux lettres deux jours plus tard. À l'intérieur, sur une feuille déchirée, une injonction lapidaire, tracée d'une écriture malhabile, tenait lieu d'avertissement : « Cessez tout de suite vos accusations ! Vous risquez gros aussi. J'aurai toujours une longueur d'avance ! ». Deux minces baguettes de bois, taillées en pointe, accompagnaient le message.

Elles en disaient plus long que bien des mots !

16
Samedi 6 juillet, à l'heure du déjeuner

Le lendemain, un déjeuner d'anniversaire réunissait, à la Maison du Doyen, famille et amis pour les 17 ans de Constance. Si Mamidou se réjouissait de passer un moment avec son troisième fils, elle appréciait modérément sa femme Madeleine, une ancienne mannequin, qui avait tiré le gros lot en épousant Edouard. Outre une particule, dont elle se glorifiait volontiers, ce dernier lui avait apporté une belle petite fortune qui leur permettait de passer des vacances dans une luxueuse villa au Cap Ferrat, dont le couple rentrait tout juste. Directeur d'une imprimerie, qui produisait étiquettes et collerettes pour les grandes maisons de vin, le dernier des Lantay avait bien réussi dans la vie et pouvait mener grand train. Mais lui-même n'en tirait pas gloriole et, porté à la plaisanterie comme son fils Pierre-André, il se moquait bien souvent de son embourgeoisement. En revanche, sa femme, très snob, ne cessait d'évoquer les festivités, qui regroupaient, sur la presqu'île, le gratin de la Côte d'Azur, ou les soirées passées au casino de Beaulieu-sur-Mer. De quoi irriter Mamidou qui trouvait terriblement vulgaires ces divertissements de « nouveaux riches » !

Vêtue d'une robe de grand couturier, assez incongrue dans ce contexte rural, mais qui moulait admirablement sa silhouette impeccable, Madeleine les attendait à la grille. 1m 80, visage ovale, teint de pêche, yeux verts gigantesques, cils interminables, nez fin et sourcils bien dessinés, elle était superbe. Une beauté dont avait hérité Constance, habillée plus modestement de son habituel uniforme baba cool, jupe longue et tunique en cotonnades indiennes. D'une voix un peu pointue, qu'elle avait travaillée pour éliminer toute trace d'un accent bourguignon tenace et adopter des intonations qu'elle jugeait très aristocratiques, la maîtresse de maison accueillit sa belle-famille avec un sourire éclatant qui dévoila une dentition parfaite.

— Tout le clan au grand complet, quel plaisir ! Entrez, entrez ! Installez-vous sous la tonnelle. Je vous ai préparé une petite collation de Champagne bien frais : par cette température, le porto ne serait pas raisonnable. Pierre-André, mon chou, vous pouvez apporter deux fauteuils supplémentaires s'il vous plait ?

Mamidou échangea avec Mézabeth un regard ironique : Madeleine poussait le snobisme à vouvoyer ses propres enfants, ce qui ne se faisait plus depuis des décennies, y compris dans leur milieu ! En-dehors de ce travers, elle était d'une courtoisie sans faille et plutôt chaleureuse à l'égard de sa belle-mère : aussi Yvonne s'en voulait-elle de ne pas éprouver plus de sympathie pour elle. Elle décida, pour l'occasion, de faire un effort.

— Alors, ce séjour dans le Midi ? Racontez-nous un peu !

— Infernal à cette époque de l'année ! Une chaleur éprouvante, une ribambelle de touristes à moitié-nus, une circulation incessante et un bruit effroyable, c'est vraiment odieux. La prochaine fois, nous attendrons la fin des vacances scolaires : heureusement, la fréquentation n'est pas du tout la même hors-saison… Excusez-moi un instant, Mère ; Constance, ma chérie, il faudrait dire à Juanita qu'elle nous apporte quelques gougères : vous pouvez vous en charger s'il vous plait ?

Pendant que la jeune fille se dirigeait vers la cuisine, tous prirent place sous l'agréable pergola, bientôt rejoints par les Bontemps, invités incontournables des réunions familiales. Au milieu des flûtes en cristal, le quotidien local, Le Courrier bourguignon, avait été oublié sur la table. Le baron, qui commençait à trouver les préliminaires un peu longs, s'en empara, le déplia, et poussa une exclamation de surprise :

— Eh bien, les gendarmes ont mis le temps !

Il tendit le journal à Marie-Caroline qui haussa les sourcils et montra le gros titre de la une aux autres convives : « Du nouveau à Colmagny, réouverture de l'affaire Raubry ». Elle se plongea aussitôt dans la lecture de l'article qui évoquait une nouvelle piste, liée au signalement récent d'une agression sexuelle à Sernolay. Contrairement à la petite Marion, poignardée après le viol et qui n'avait survécu que quelques heures à ses blessures, la victime était parvenue à échapper au prédateur. Traumatisée, elle avait refusé de porter plainte et gardé le silence pendant quelques jours avant de se décider à témoigner. Le modus operandi semblait identique dans les deux cas : attaque sur un sentier isolé, utilisation d'un foulard pour étouffer les cris, visage couvert d'une cagoule en grosse toile, raphia en guise de liens.... Tout concordait, même les « sale garce » lancés à l'envi par l'agresseur d'une voix rauque lors du viol. Impossible, en revanche, d'obtenir plus d'informations sur ce dernier, qui avait pris soin de commettre son crime à la nuit tombante, et dont la jeune fille n'avait pu que signaler la grande taille. La gendarmerie se targuait d'arriver bien vite à une conclusion... mais sans fournir davantage de détails.

Alors que Marie-Caroline repliait le journal, Raymond Bontemps fut pris d'une violente quinte de toux. Après les quelques gorgées d'eau d'usage et les inutiles tapes dans le dos, il fallut se rendre à l'évidence : la crise ne passait pas. Sa femme Isabelle, très inquiète, intervint :

— Il faut appeler le docteur Reynié, vite, Madeleine, il n'arrive plus à respirer !

Le médecin, qui visitait un patient dans le village, fut rapidement sur les lieux et prit les choses en main. Un quart d'heure plus tard, installé au frais dans une chambre orientée plein nord, Le vieil homme reprenait ses esprits. Après avoir fait sortir tout le monde, le docteur s'approcha de lui.

— La maladie gagne du terrain, Raymond, il faut vraiment que tu parles à ta femme. De toute façon, tu ne pourras plus lui cacher la vérité bien longtemps.

— Pas encore. Laisse-moi passer l'été ! Je n'ai pas envie de subir la compassion des uns et des autres. On avisera en septembre. Je suis plus résistant que tu ne le penses.

— Je n'en suis pas certain. Un jour ou l'autre, il faudra qu'on t'hospitalise. À ce moment-là, il vaut mieux qu'elle soit prévenue, tu ne crois pas ?

— Attends un peu s'il te plait, je ne me sens pas si mal après tout, j'aimerais vraiment profiter de ce répit. Tu peux bien accorder cette dernière cigarette au condamné.... Enfin, l'expression n'est peut-être pas très heureuse dans ce genre de circonstances !

— Tu m'imposes une lourde responsabilité, Raymond. En tout cas, je serai disponible si nécessaire. N'hésite pas à m'appeler, même la nuit, si tu te sens mal : tu sais où me joindre.

— Merci infiniment, Gabriel. Pas moyen de t'exprimer ma gratitude autrement, mais le cœur y est. Tu es vraiment un ami.

— Un ami auquel tu demandes beaucoup ! Allez, repose-toi maintenant et oublie le déjeuner avec les Lantay : ce sera pour une autre fois....

« Peut-être » ajouta en pensée le docteur Reynié en quittant la pièce.

Dans le jardin, perturbés par l'état de santé de Raymond, les convives abrégèrent le repas, pourtant délicieux, qu'avait préparé Juanita. Au moment de se séparer, Madeleine se pencha vers Mamidou qu'elle dominait d'une bonne tête.

– Pierre-André m'a dit que Jeanne avait eu un coup de cœur pour le fils Ravineau, murmura-t-elle à son oreille. J'espère qu'Alix va y mettre le holà très vite. Inimaginable de frayer avec cette mauvaise graine ! J'ai croisé le père hier : une dégaine de péquenot à peine sorti de son étable ! Avec son bleu de travail, et son pansement sur le crâne, il ne ressemblait franchement à rien. On ne va pas laisser la petite se fourvoyer dans ce genre de relations quand même !

– Ne vous inquiétez-pas, Louis veille au grain ! répondit la vieille dame en se hissant sur la pointe des pieds pour l'embrasser du bout des lèvres. Merci encore pour ce délicieux moment ; passez ce soir à la Grande Maison, on fera une partie de lettres, ajouta-t-elle avec une pointe d'ironie, sachant très bien que la culture littéraire de sa belle-fille se résumait aux Delly et autres romans sentimentaux de même acabit.

Mézabeth, qui n'avait pas perdu une miette de l'échange, malgré les précautions prises par Madeleine, se sentit brutalement oppressée. La menace se précisait ! Le « pansement sur le crâne » ne manquerait pas de désigner le coupable. Si Mamidou apprenait l'existence de la tache de sang sur la casquette récupérée par Louis, elle ferait forcément le rapprochement avec Fernand Ravineau et, en deux temps trois mouvements, tout le village serait au courant. Il faudrait alors que le bonhomme s'explique, au risque de révéler ce qu'on avait, jusqu'alors, tenu secret. Elle devait intervenir à tout prix ! Mais comment ? Et avec quels moyens de pression ? En tout cas, il était impératif d'agir au plus vite...

Un cri de protestation, poussé par Marie-Caroline, l'arracha à ses ruminations. Chouki avait saisi une frange du keffieh que la baronne arborait ce jour-là – par solidarité avec la cause palestinienne ? – et s'envolait, tenant dans son bec le foulard noir et blanc qu'elle abandonna comme un vieux chiffon dans le pré à cochons. Il faut croire qu'elle n'appréciait guère Yasser Arafat !

17
Samedi 6 juillet, avant le dîner

— Que s'est-il passé exactement après le viol de Marion Raubry ? Les gendarmes ont-ils réussi à obtenir un témoignage ? demanda Louis à son père alors qu'ils s'asseyaient tous deux, quelques heures plus tard, sur le perron de la Grande Maison pour attendre le dîner.

— Pas grand-chose en fait. On a cru que la petite allait se rétablir mais elle avait été poignardée et perdait beaucoup de sang : elle est morte avant l'aube. L'adjudant a pu recueillir quelques informations quand même. La presse en a beaucoup parlé à l'époque, tu ne t'en souviens pas ?

— À ce moment-là, je vous rappelle que je me trouvais chez les gauchos d'Argentine où vous m'aviez envoyé pour m'initier au métier d'éleveur ; j'ai sillonné la pampa à dos de canasson à longueur de journée et n'ai pas mis les pied à Colmagny pendant plus d'un an.

— Ah oui, c'est vrai ; une belle expérience quand même, non ?

— Pas inutile en effet. Mais, pour en revenir à nos moutons, si j'ose dire, comment est-ce que ça s'est produit ?

— Eh bien, les parents Raubry étaient assez décontractés, dans le style soixante-huitard, et laissaient volontiers la petite sortir seule, s'imaginant qu'elle ne courait aucun risque dans le village. Un soir, comme elle n'était pas rentrée à 10 heures, ils ont commencé à s'inquiéter. Ils ont passé un coup de fil à la gendarmerie qui est intervenue aussitôt. J'ai d'ailleurs participé aux recherches avec plusieurs habitants de Colmagny. On a récupéré la gamine à la sortie du Chemin bleu près du Roc-Pertus. L'adjudant ne s'est pas rendu compte de son état et il l'a immédiatement interrogée. La pauvre gosse pouvait à peine répondre : son père a exigé qu'on la conduise au plus vite chez le médecin. Elle est restée avec ses parents chez le docteur Reynié et elle est décédée dans la nuit.

— Il y a eu une enquête ?

— Bien-sûr ! Mais on n'a rien retrouvé, ni l'arme, ni le bonhomme, ni même le moindre indice, rien ! On a accusé à tort ce pauvre Jean-Marie qui ne ferait pas de mal à une mouche. Heureusement, la patronne du bistrot d'en bas, Ginette, a témoigné en sa faveur : au moment du crime, il sifflait des petits blancs avec son copain Alfred, le quincailler de Cluny. Depuis deux ans, l'affaire n'est pas enterrée, mais presque... Le problème, c'est que tout le monde soupçonne tout le monde et les mauvaises langues s'en donnent à cœur joie ! Si on pouvait enfin mettre la main sur le coupable, ça calmerait les esprits. Croisons les doigts !

— Oui, gardons l'espoir. En revanche, je ne partage pas votre avis sur Jean-Marie ; il est bien capable de faire du mal à une mouche... et même pire !

L'arrivée du reste de la famille coupa court à la question que s'apprêtait à poser le baron. Chacun s'installa sur le perron. Celui-ci se composait d'une dizaine de degrés disjoints qu'il fallait gravir avec précaution au risque de se rompre les os ; ils permettaient d'accéder à une petite plateforme bordée d'une rambarde envahie de lichen ; deux vases Médicis, garnis d'une végétation souffreteuse faute d'un arrosage régulier, en ornaient les piliers d'angle. Le lieu était au cœur de la vie sociale du clan Lantay. On s'y retrouvait souvent pour partager des apéritifs qui réunissaient une ribambelle de convives que le salon, malgré ses proportions imposantes, peinait à contenir. Les marches faisaient alors office de sièges de fortune et, quitte à se serrer un peu, tout le monde pouvait s'y asseoir. De nombreuses photos, dont certaines se coloraient avec le temps de nuances sépia, témoignaient de ces moments heureux de convivialité, toutes générations confondues.

Outre sa capacité à accueillir, dans un confort tout relatif, un grand nombre de personnes, le perron offrait également une vue assez exceptionnelle sur le doux paysage du Clunysois. Parsemé de charmants villages, celui-ci témoignait du travail séculaire de générations de paysans qui, par des épierrements systématiques, étaient parvenus à transformer une terre plutôt ingrate en fertiles parcelles. La plupart d'entre elles étaient consacrées à l'embouche et occupées par des vaches charolaises qui ponctuaient de taches blanches les prairies. Çà et là, une parcelle de céréales apportait une touche ocrée au milieu de la verdure. Un spectacle bucolique dont les habitants de la Grande Maison ne se lassaient pas.

Tandis que les uns et les autres prenaient place sur les marches, Louis dut intervenir pour libérer le fauteuil de Mamidou que Gérard s'était arrogé d'office. Manifestant une mauvaise grâce certaine à poser son auguste fessier sur les degrés de pierre, ce dernier maugréa dans sa barbe contre les privilèges indus du grand âge mais se résolut finalement à rejoindre sa compagne, sagement assise à côté son père. Malgré les réticences évidentes de la comtesse et de Marie-Caroline, la conversation revint bien vite sur Jean-Marie et ses recherches au Roc-Pertus.

– Où en est-il ? interrogea Yvonne, que la découverte de l'inscription dans le pressoir avait émoustillée et qui voyait désormais le mystère partout, prête à gober tout cru les histoires fantaisistes du gogol sur les guerres de religion et les fortunes cachées dans les ruines.

– Il a trouvé un genre d'écusson dans la cave du fond ;

en tout cas, rien à voir avec le trésor annoncé, répondit Anne-Chantal d'un ton blasé ; s'il espère avoir touché le pactole avec ça, c'est raté !

— Comment l'as-tu appris ? s'enquit son frère.

— Il le montre à tous les habitants du village, comme s'il avait découvert le Saint Graal !

— À quoi ça ressemble exactement ?

— Un truc rond, noir, en tissu, avec une espèce d'oiseau blanc, mal fichu, par-dessus.

— Tu pourrais nous le dessiner ? intervint Mézabeth.

La jeune fille cassa une branche des hortensias qui bordaient la descente du perron et entreprit de tracer, dans le gravier de l'allée la broderie de l'écusson. La réaction de Mamidou fut immédiate.

— Ça n'a rien à voir avec un oiseau ! ! ! C'est le gamma, l'emblème de la Milice française !

— De quoi s'agit-il ? Vous pouvez nous éclairer ! demanda Gérard qui se targuait volontiers d'une inculture crasse, surtout en histoire, une « science » qu'il jugeait ringarde et parfaitement inutile.

Yvonne leva les yeux au ciel et prit un ton doctoral pour instruire l'ignorant. En quelques phrases, elle résuma l'histoire de l'organisation fasciste, émule de la Gestapo, depuis sa création début 1943 jusqu'à sa dissolution en août 1944, évoquant avec concision son action menée contre la Résistance et sa participation active à la politique antisémite des nazis.

— Des véritables fripouilles, conclut-elle. Beaucoup ont été liquidées à la fin de la guerre au moment de l'épuration. On ne les a pas pleurées, croyez-moi !

— D'autant que celles-ci étaient les pires, enchaîna Mézabeth. Si le symbole est blanc sur fond noir, cela veut dire que le bonhomme faisait partie de la Franc-garde, la branche armée de la Milice ; ses membres étaient censés assurer le maintien de l'ordre pour Vichy et l'occupant ; ils ont même participé aux combats contre les maquis aux côtés des Allemands. Une sale engeance !

— Oui, et, sauf erreur de ma part, ils sont intervenus, en particulier, contre celui des Glières début 1944, renchérit Mamidou. Pas de quoi s'en vanter à la fin de la guerre évidemment !

Puis après un moment de réflexion, sourcils froncés.

— Ceci dit, je n'ai pas souvenir de miliciens dans le village. Je me demande bien d'où peut sortir cet insigne....

— Eh bien, voilà une enquête supplémentaire pour occuper vos vacances ! rétorqua la comtesse qui, ayant entendu Simone proposer de « passer à table », se précipitait déjà vers la salle à manger.

La résolution de cette nouvelle énigme pouvait bien attendre. Il fallait respecter l'ordre des priorités : le coq au vin, lui, ne souffrirait aucun retard !

18
Dimanche 7 juillet 1974, le matin

La chambre était à l'image de Constance : dans le style hippie. Très colorée et passablement encombrée, elle regorgeait de suspensions en macramé, de coussins et de tentures murales. Un mobilier en rotin et des tapis mexicains y apportaient une touche d'exotisme que complétait un immense mandala népalais peint sur soie au-dessus du lit. Sur la table de nuit, le livre de François Mitterrand, *Le Coup d'Etat permanent*, témoignait des sympathies politiques de la jeune fille qui, au grand dam de sa mère, s'affichait socialiste et attendait avec impatience sa majorité, tout juste abaissée à 18 ans, pour exercer ses droits de citoyenne.

Assise sur le matelas, que recouvrait une courtepointe en patchwork, Constance chantonnait « Pierre de Grenoble » en s'accompagnant d'une guitare. Sur la commode, un bâtonnet d'encens diffusait une fragrance douçâtre.

Louis entra dans la pièce, sa pie sur l'épaule.

– C'est quoi cette musique ?

– Du folk, c'est tiré du 33 tours qui est juste là, regarde sur la table.

– Malicorne ?

– Oui, J'ai découvert ce groupe l'hiver dernier, c'est génial !

– En tout cas, ça me plait bien, continue, continue ! dis le jeune homme en s'adossant au mur.

Après avoir inspecté les lieux en sautillant d'un meuble à l'autre, Chouki vint se percher sur le manche de l'instrument et commença à becqueter les cordes : quelques notes dissonantes se mêlèrent aux accords qui accompagnaient le chant et provoquèrent une grimace amusée de la musicienne.

Faisant mine de se concentrer, cette dernière ne quittait guère Louis des yeux. Il était quand même franchement sexy le grand cousin ! Avec ses cheveux châtains toujours un peu longs, dont les mèches rebelles adoucissaient un visage taillé à la serpe, sa barbe de deux jours qui lui bleuissait le menton, ses épaules larges et ses prunelles bicolores, il n'avait vraiment rien à envier à ce poseur de Gérard, pourtant très fier de son physique. De toute façon, Constance préférait les hommes moins sophistiqués : les mains parfaitement manucurées, la coiffure bien sage et la musculature de culturiste du petit ami d'Anne-Chantal la laissaient de marbre ! En revanche, les pognes robustes du bel agriculteur et ses avant-bras aux veines un peu saillantes suscitèrent chez elle des envies de flirt langoureux, auxquelles fit écho la fin de la chanson : « Qu'en pensez-vous gens de Grenoble/ De cet amour-là / De cet amour-là ? / Se sont couchés l'un contre l'autre/ Ils dorment tous les deux / Ils dorment tous les deux ».

Hélas ! Louis semblait assez étranger à ce genre de préoccupations et avait, pour l'heure, d'autres pensées en tête. À peine la musique terminée, alors que Constance rêvait d'un moment romantique en tête à tête, il l'entreprit sur la Seconde Guerre mondiale :

– Tu n'aurais pas un bouquin sur la collaboration ?

– Si, c'est possible, répondit-elle avec un certain agacement.

Décidément, elle était mal engagée cette histoire ! Elle avait pourtant quelques atouts, que diable ! C'était le lien familial qui le gênait ou quoi ? Pas de quoi en faire un plat : le frère d'Alix avait bien épousé sa cousine germaine et personne n'y trouvait à redire...

D'un geste brusque, elle repoussa Chouki, qui picorait le cabochon en turquoise de sa bague, et se dirigea en ronchonnant vers une étagère qui ployait sous le poids d'une ribambelle de livres. Elle en sortit un gros volume qu'elle tendit à Louis sans un mot. Etonné par cette subite saute d'humeur, dont il s'expliquait mal la cause, le jeune homme haussa les sourcils mais décida de faire comme si de rien n'était.

— Tu l'as lu ?

— Non, évidemment ! C'est ma marraine qui me l'a offert pour mes 15 ans, tu parles d'un cadeau ! Je ne l'ai jamais ouvert. Il faut dire que ce n'est vraiment pas folichon comme sujet ! Qu'est-ce que tu cherches ?

— Des renseignements sur les miliciens. Jean-Marie a trouvé un insigne au Roc-Pertus.

— Je croyais que le gogol ne te parlait plus !

— Il l'a montré à Anne-Chantal.

— Ah bon ! Eh bien, si ça te passionne, regarde, mais je ne vois pas vraiment l'intérêt de passer du temps sur ce truc ; ce n'est pas la trouvaille du siècle a priori !

— C'est quand même intéressant de savoir ce qu'il en est, non ?

— Bof... Y'aurait peut-être mieux à faire..., mais passons !

Tandis que Louis consultait le sommaire pour trouver le chapitre consacré à la Milice, Pierre-André fit irruption dans la chambre, brandissant un béret avec excitation. Constance poussa un soupir de résignation et s'affala dans un fauteuil en osier. Pas moyen d'avoir la paix cinq minutes ! Avec le frérot en prime, toute tentative de séduction était d'avance vouée à l'échec. Ne restait plus qu'à prendre patience et attendre une occasion plus favorable. Mais, pour la journée, c'était râpé !

Manifestement contrariée, elle s'empara du couvre-chef

que lui tendait son frère et fit une moue dégoûtée avant de lui rendre.

— Où est-ce que tu as trouvé ça ? Il ne date pas d'hier, ce machin ! Et il pue en plus !

— Au Roc-Pertus. Comme on a plus le droit de filer la pétoche aux gamines avec le jeu de piste, il faut bien s'occuper ! J'ai été faire un tour dans les caves ce matin, histoire de m'informer sur les fouilles du simplet. Il n'y avait personne, alors j'en ai profité pour fouiner un peu dans celle du fond. Vous vous souvenez de la petite table bancale avec un pied cassé ? Elle a un tiroir secret comme le secrétaire de papa, mais en plus simple : il suffit de passer la main sous le plateau pour l'ouvrir. J'ai trouvé ça à l'intérieur. On dirait un béret de chasseur alpin, non ?

— Pas du tout ! C'est un béret de milicien, intervint Louis en montrant à Pierre-André, sur le gros ouvrage, une illustration de l'uniforme des francs-gardes. Passe-le-moi un peu ; je voudrais vérifier quelque chose !

S'emparant de la coiffure, le jeune homme la tourna plusieurs fois entre ses mains et désigna à son jeune cousin un cercle bien coloré sur le tissu.

— Regarde, il y avait un écusson ici ; il a été décousu. C'est certainement celui que Jean-Marie a trouvé hier. Visiblement, le bonhomme ne se vantait pas, ou plus, de son appartenance à la Milice !

Mis au courant de la dernière découverte du simplet, Pierre-André ne cacha pas son enthousiasme.

— Eh bien, voilà de quoi nous occuper cet été ! On va remplacer une chasse au trésor par une autre ! Si on proposait au gogol notre aide « désintéressée », ce serait une bonne idée non ? Après tout, il y a peut-être quelque chose à trouver dans ces ruines, on ne sait jamais.

— Je ne suis pas sûr qu'il soit enchanté par ton offre ! rétorqua Louis d'un ton dubitatif.

— On peut toujours essayer… mais il vaut mieux que ce soit moi qui lui demande. Je ferai un saut chez lui cet après-midi. On verra bien ce qu'il en pense.

— Mmmm… À mon avis, ce n'est pas une très bonne idée !

Murée dans un silence hostile, Constance haussa les épaules puis, avec un air de princesse offensée, reprit sa guitare sur laquelle elle plaqua quelques accords discordants. Chouki, désireuse d'apporter sa contribution à la cacophonie, s'approcha de l'instrument mais fut chassée d'un revers de main agacé. Conscients de l'imminence d'un orage, les deux garçons échangèrent un regard perplexe… et se hâtèrent de quitter les lieux.

19
Dimanche 7 juillet 1974, dans l'après-midi

Enfoncé dans un vieux fauteuil, les yeux mi-clos, l'homme était plongé dans ses pensées. À en croire ses sourcils froncés et ses lèvres pincées, celles-ci n'avaient rien d'agréables. Il faut dire que la situation devenait critique. Depuis que le crétin du village exhibait à tout-va sa dernière trouvaille, l'étau se resserrait. Alors que le passé semblait définitivement enterré, voilà qu'il menaçait de ressurgir à l'occasion d'un glissement de terrain malencontreux et des investigations d'un gogol qui s'imaginait faire fortune.

En tout cas, la découverte de l'écusson risquait fort de susciter des interrogations. Ce salopard d'Augustin avait bien combiné sa petite affaire ! En laissant sur place l'insigne, mal dissimulé dans le matelas, il désignait son compagnon de cavale comme un membre de la Milice : un bon moyen de lui faire porter le chapeau – ou le béret ! - à sa place... Certes, Léon n'avait pas été très honnête, mais quand même, il n'avait rien de commun avec ces ordures ! Enfin, presque rien ....

Pourquoi, diable, s'était-il engagé dans cette magouille ? Esprit de lucre ? Besoin de reconnaissance ? Il est vrai que sa modeste situation de chef d'équipe à la Manufacture d'armes de Saint-Etienne ne le valorisait guère et qu'il aspirait à mieux. Mais qu'espérait-il ? Grimper les échelons en fricotant avec les fascistes ? Auquel cas, il s'était lourdement trompé le malheureux ! Et surtout, il en avait payé très cher le prix. Pour quelques pistolets MAS 35 et cinq ou six fusils gracieusement fournis sous le manteau à ce petit voyou d'Augustin, qu'avait-il obtenu ? Des paquets de tabac ? Un carton de bonnes bouteilles ? Des tickets de rationnement supplémentaires ? Pas de quoi prendre le risque de s'attirer les foudres de la Résistance locale.

Et, ça n'avait pas raté évidemment ! Les mains crispées sur les accoudoirs, l'homme revivait la scène.

C'était au printemps 44, par une douce nuit de juin. Sa femme, appelée au chevet d'une vieille tante grippée, devait rentrer le surlendemain et il avait veillé à ce que tout soit en ordre pour son retour. Comme chaque soir, avant de monter se coucher, il était sorti pour enfermer, dans la niche au fond du jardin, Arès, un brave berger picard qui portait bien mal son nom et n'avait jamais agressé personne. Tandis qu'il traversait l'allée des lilas, Léon, sale et l'air épuisé, avait surgi des buissons, bientôt rejoint par un autre individu, un milicien du nom d'Augustin.

Les deux hommes lui avaient tout raconté. Surpris dans leur sordide petit trafic d'armes par un jeune FFI, ils étaient parvenus à prendre le large avant que les choses se gâtent. Jugeant peu prudent de rester à Saint-Etienne, où ils étaient désormais repérés par la Résistance, et sans même repasser chez eux, ils s'étaient lancés dans un long périple à pied par les chemins de traverse. Leur but était de rejoindre Colmagny et de trouver un abri sûr chez le frère de Léon dans l'espoir que les autorités les absoudraient de leurs erreurs après la guerre. Chapardant un peu de nourriture au gré des opportunités, ils étaient arrivés dans l'après-midi au village, après 170 km de marche forcée, et s'étaient cachés dans la campagne en attendant la nuit pour se manifester. Peu après, les ennuis avaient commencé !

Fixant sans la voir la pluie qui ruisselait sur les vitres, l'homme s'interrogea, une fois de plus. Aurait-il pu agir autrement ? Y avait-il un moyen d'éviter le drame ?

Pouvait-on le tenir responsable d'avoir protégé les siens ? Des questions sans réponse qui le hantaient depuis trente ans. Trop tard de toute façon pour revenir en arrière ! Il fallait éviter à tout prix que la vérité éclate. Et, pour cela, l'unique solution résidait dans la disparition de Jean-Marie, le benêt. Par un concours de circonstances malheureux, il en avait réchappé l'avant-veille. Mais une autre occasion se présenterait prochainement. Il suffisait d'attendre un peu..., le moins longtemps possible !

20
Dimanche 7 Juillet 1974, un peu plus tard

Pas facile de s'éclipser à l'insu de Mamidou ! Mézabeth avait dû arguer de mobiles plus ou moins spécieux pour échapper à sa compagnie. Non que celle-ci lui fût pesante, bien au contraire, mais elle avait besoin d'être seule pour rencontrer Fernand Ravineau. Inconcevable, en effet, de mettre Yvonne dans la confidence : même après toutes ces années, elle ne lui pardonnerait pas.

Marchant d'un bon pas sous les dernières gouttes de l'averse, la comtesse n'aperçut Jean-Marie qu'au moment où celui-ci s'engageait dans le Chemin bleu. Encore contrarié par leur dernière rencontre, le simplet tourna ostensiblement la tête et s'apprêta à disparaître dans le sentier... puis stoppa net. Après tout, cette vieille bique pouvait lui servir : vu son âge, elle devait en connaître un bout sur la Seconde Guerre ! Se ravisant, il sortit de sa poche l'insigne trouvé au Roc-Pertus et, grimaçant un sourire qui se voulait aimable, s'approcha de Mézabeth.

— Ça vous dit kek'chose c'truc-là ? demanda-t-il en lui tendant le morceau de tissu.

Heureuse de mettre un terme à leur différend, Mézabeth se pencha avec intérêt sur l'écusson, tout en observant le bonhomme du coin de l'œil. Toujours coiffé de son vieux béret, qu'ornait un pompon rouge tout neuf, il avait visiblement renoncé à s'offrir un bonnet de marin, ayant sans doute converti le billet de 50 francs en verres de blanc au bistrot. Mais tant pis : inutile de le braquer avec ces broutilles. Elle jeta un regard inquiet vers le ciel :

heureusement, pas de pie en vue ! Pas question que Chouki vienne balayer, par ses facéties, les bonnes dispositions du gogol. Elle lui rendit l'insigne.

— C'est l'emblème des miliciens pendant la dernière guerre. Vous l'avez trouvé au Roc-Pertus ?

— Oui, l'étions dans la laine du matelas. Les miliciens ? C'était ben les collabos des Boches ? Y'avait don' de c'te vermine-là dans le village ?

— Je ne sais pas. Personnellement, je n'en ai jamais entendu parler, à Colmagny en tout cas.

Jean-Marie plissa les yeux et se concentra. « Milicien » ! Le mot résonnait dans son cerveau embrumé, y suscitant de vagues réminiscences que sa mémoire défaillante peinait à préciser. Il était encore petiot, il faisait nuit ; trois hommes s'engueulaient en sourdine derrière un mur de jardin. Quelques bribes de phrases lui revinrent en tête : « filer chez les Chleuhs », « trop risqué », « pas de milicien ici ». Se prenant la tête dans les mains, il tenta en vain de se rappeler le détail des faits. Impossible. Mais il pouvait toujours fanfaronner devant la vieille peau, ça lui ferait la nique à celle-là !

— Eh ben moi, ça s'pourrait qu'si qu'j'en ai entendu parler ! J'me souvenons d'une histoire dégueulasse, pour sûr.

— Racontez-moi !

— C'est que j'avions point l'temps ma bonne dame ; il bosse, bibi, même le dimanche, et le boulot l'attend. Une aut'fois p'têt !

Satisfait de sa pitoyable revanche, Jean-Marie planta là Mézabeth qui, froissée par l'attitude cavalière du gogol, n'eut d'autre alternative que de poursuivre son chemin. Elle avait cru la hache de guerre enterrée : visiblement, ce n'était pas le cas !

Elle arriva peu après devant la maison des Ravineau.

Dans la cour, manches de chemise retroussées, Fernand fendait des buches sur un gros billot. Un pansement au sommet de son crâne couvrait partiellement sa calvitie. Entendant des pas, il leva les yeux et prit un air bourru en reconnaissant la comtesse.

— Qu'est-ce que vous voulez ? Vous n'allez pas encore me chercher noise après tout ce temps ?

— J'aimerais comprendre quelque chose.

— Comprendre quoi ?

— D'abord pourquoi vous avez saboté la chasse au trésor des jeunes avec vos mises en scène macabres !

— C'est mon affaire, il fallait qu'elle s'arrête, point final ! Et ensuite ?

— Ensuite, savoir si tout cela a un rapport avec l'exécution du petit Joseph en 44.

— Vous n'allez pas encore ressortir cette vieille histoire ! De toute façon, vous n'avez rien à y gagner : je pense avoir été très clair à ce propos, non ?

— Parfaitement clair en effet… Mais j'aimerais quand même comprendre ce que vous trafiquiez avec le soldat allemand près de la grange des Combes. Qu'est-ce que vous risquez à me le dire ? Vous me tenez à la gorge, ça restera forcément entre nous !

— Ça n'a rien avoir avec cette exécution. Je vous le répète une fois de plus : ce n'est pas moi qui ai dénoncé les résistants ! Fichez-moi la paix bon sang !

— J'ai besoin de savoir… Vous pouvez comprendre, non ?

Fernand Ravineau poussa un soupir excédé et, posant sa hache, s'assit sur le billot. Il était peut-être temps de dire la vérité après tout, il y avait prescription et, de toute façon, les mentalités avaient changé. Ce qui paraissait une trahison à l'époque susciterait au pire une certaine réprobation… et encore ! Les faits, alors jugés inadmissibles, seraient largement absous par l'opinion publique trente ans après. D'autant que son silence lui portait préjudice en le transformant en coupable idéal : celui qui avait livré un camarade aux Allemands pour le spolier de ses terres et de sa ferme. Il observa la vieille dame : de toute façon, elle ne dirait rien et il pourrait enfin se dédouaner à ses yeux. L'occasion se présentait de remettre les pendules à l'heure ; il la saisit.

— Ce n'est pas ce que vous croyez ; la grange des Combes était simplement un lieu de rendez-vous qui avait l'avantage d'être à l'écart du village et des habitations... donc discret.

— Un lieu de rendez-vous ? Pour qui ?

— Pour le soldat Allemand, Gunther... et ma sœur aînée, Georgette. Cette petite idiote était tombée amoureuse du frisé ! Mais vous savez bien ce qu'ils ont fait aux « putains des boches » à la Libération. Alors je me suis tu. J'ai voulu la protéger, c'est tout !

Sidérée par la révélation, Elisabeth prit place à son tour sur le billot. Elle s'était trompée sur toute la ligne en accusant le jeune homme de délation. En gardant le silence, sa seule motivation était de soustraire sa sœur à l'opprobre générale. Comment lui en tenir rigueur ? Il n'avait pas supporté la perspective de voir Georgette exhibée dans le village et tondue en place publique sous les sarcasmes et les rires gras d'une foule hostile. Il souhaitait aussi préserver l'honneur de sa famille quitte à endosser une responsabilité qui ne lui incombait pas. Rien de bien répréhensible au bout du compte !

Si la comtesse manquait parfois de diplomatie, elle savait toutefois reconnaître ses erreurs.

— Je n'aurais rien dit, vous savez.

— Ouais... Je n'en suis pas si sûr. En tout cas, vous voilà informée. Laissez-moi tranquille maintenant !

— Et pour la chasse au trésor ? Pourquoi tout ce cirque ?

— Je n'ai rien à ajouter, partez !

À moitié satisfaite du résultat de sa démarche, Mézabeth quitta les lieux et, pour se donner le temps de réfléchir, s'engagea dans un petit sentier qui contournait le village par la vallée. Elle avait besoin de marcher et de faire le point. L'affaire du soldat allemand, surpris en compagnie du jeune Ravineau, était résolue mais plusieurs questions restaient en suspens. Primo, pourquoi Fernand voulait-il absolument mettre un terme au jeu de piste ? Ensuite, puisqu'il était innocent, qui était responsable de la dénonciation des « résistants » ? S'ajoutait à cela la présence, à Colmagny, d'un certain Léon, « poilu » de la Première Guerre et, pendant la Seconde, d'un milicien dont tout le monde semblait ignorer l'existence, à l'exception de Jean-Marie. Sans compter l'agression et le viol des deux gamines, heureusement du ressort de la gendarmerie ! Finalement, l'été serait bien occupé cette année !

Plongée dans ses réflexions, la vieille dame parvint à une patte d'oie et n'hésita qu'un court instant. D'un côté, le Chemin bleu, rendu presque impraticable faute d'entretien, menait au Roc-Pertus. Ronces, orties, cardères et herbes folles en limitaient l'accès et le transformaient en un véritable parcours du combattant. De l'autre, un sentier bien tracé montait presque en ligne droite jusqu'à la place de l'église. Elle choisit résolument la seconde solution.

Au moment d'attaquer la pente, elle entendit claquer un coup de feu.

21
Lundi 8 Juillet 1974, le matin

Pierre-André stoppa sa mobylette à l'entrée de la cour de ferme et s'amusa un instant du spectacle qui s'offrait à lui. Accroupies devant les clapiers, les jumelles riaient à gorge déployée en gavant les lapins de carottes fraîches, tout juste chapardées dans le potager. La cuisinière Simone, qui dépiautait un de leurs congénères, pendu par les pattes arrière, râlait tout haut en voyant les bestioles grignoter ses précieux légumes, mais n'osait intervenir. Quelle guigne ces gosses de la ville ! Elle n'aurait plus qu'à trouver un autre accompagnement pour le civet de midi ! À l'ombre de l'appentis, son mari Ernest affutait une faucille sur la grosse meule en grès qu'il actionnait à la manivelle d'une poigne vigoureuse. Quant à Mistousse, le chat de la maison, bien à l'écart de toute cette agitation, il se prélassait au soleil sur une vieille auge en pierre et, avec un mépris souverain, toisait ce petit monde affairé de ses prunelles dorées.

Le jeune homme jeta un coup d'œil circonspect autour de lui pour s'assurer de l'absence des oies, heureusement en vadrouille dans le pré voisin. Depuis qu'il avait été coursé par l'une d'entre elles, particulièrement vindicative, et dont il gardait un souvenir cuisant, il se méfiait comme d'une peste de ces volatiles irascibles. À priori, pas de danger immédiat. Seules, quelques poules et pintades, parfaitement inoffensives, occupaient pour l'instant les lieux. Il allait s'enquérir de Louis lorsqu'un ronflement de moteur signala l'arrivée de ce dernier. Au volant d'un vieux tracteur Renault, qui remorquait une tonne à eau, son cousin entra dans la cour et manœuvra avec dextérité pour garer l'engin sous le hangar. Pierre-André le rejoignit.

— Ça te dirait de faire un tour en mob à Cluny, histoire d'oublier un peu tes Charolaises ? Papa m'a donné une liste, longue comme le bras, de petit matos à récupérer à la quincaillerie. Il s'est mis dans l'idée de bricoler des étagères pour installer sa collection de tire-bouchons dans le débarras de l'étage : doué comme il est, ça promet d'être laborieux ! Remarque, pour occuper ses journées, ce n'est pas tout à fait idiot : il a déjà passé deux jours à déblayer le cagibi et à scier des planches.

— Sympa comme projet ! Ça va être chouette.

— Tu parles ! Un musée des horreurs tu veux dire ! Ils sont tous plus moches les uns que les autres ses tire-bouchons. Et puis, quel intérêt ces trucs, à part ouvrir des bouteilles ? Enfin, on ne le refera pas… Alors, OK pour m'accompagner ? Je t'offre une bière chez Ginette au retour, tu ne peux pas refuser.

— D'ac, j'arrive ; juste le temps de prévenir Ernest que je l'abandonne.

Louis sauta à terre et, après avoir laissé des consignes précises au fermier, enfourcha une vieille bécane qui démarra en pétaradant à tout va. Dans un nuage de fumée pestilentielle, il suivit Pierre-André. Cheveux au vent, indifférents au code de la route, les deux jeunes dévalèrent la colline et s'engagèrent à vive allure dans la vallée du Grenet, une petite rivière qui sinuait gentiment au milieu des cultures. Les nitrates et pesticides, alors déversés sans scrupule dans les champs avec la bénédiction des autorités européennes, avaient certainement pollué les eaux de ce charmant cours d'eau. Mais tout le monde l'ignorait et les enfants de Colmagny, convaincus que l'onde claire et fraîche ne pouvait recéler aucun danger, venaient souvent y profiter des joies de la baignade.

Une demi-heure plus tard, ils arrivèrent à Cluny. Nec plus ultra en matière d'art médiéval, la célèbre abbaye avait perdu une bonne partie de sa splendeur, démantelée après la Révolution jusqu'à ce que la commune s'avise, bien tardivement, de protéger ce qu'il en restait. Le bras sud du grand transept, sauvé du massacre, témoignait toutefois de cette magnificence passée et Louis admira, une fois de plus, l'élan vertical du clocher de l'Eau bénite qui dominait encore le bourg. Mais, pas moyen de s'arrêter ! Pierre-André avait hâte d'en finir avec la corvée des courses pour prendre un apéro bien mérité à Sernolay. Dans un crissement de pneu, il bifurqua dans la rue commerçante et pila devant la boutique du quincailler.

Installé au comptoir, Alfred Roumiguet, l'ami du simplet, vérifiait une commande. En reconnaissant les deux cousins, il poussa un soupir de soulagement.

— Ah ! Vous tombez bien : j'allais justement passer chez vous.

— Pourquoi ? s'enquit Louis, inquiet du ton grave du commerçant.

— Jean-Marie a disparu !

— Comment cela, disparu ?

— Oui, ce n'est pas normal. Hier, comme je ne travaillais pas, je lui ai donné rendez-vous chez Ginette à six heures de l'après-midi. J'y suis resté jusqu'à huit heures : personne ! Ce n'est vraiment pas son genre de me poser un lapin ! Alors, je suis passé voir ce qu'il en était à Colmagny : tout était éteint. J'ai tambouriné à la porte pendant au moins dix minutes : rien ! J'y suis repassé ce matin, très tôt, en partant au boulot : chou blanc ! C'est quand même inquiétant : il ne bouge pas de chez lui d'habitude.

— Vous avez prévenu les gendarmes ?

— Oui, je les ai appelés en arrivant à la quincaillerie tout à l'heure. Mais ils m'ont envoyé paître en me répondant qu'un adulte était libre de ses allées et venues et qu'ils avaient d'autres affaires plus urgentes à régler.

— Et au Roc-Pertus ? Vous y êtes allé ? Il a pu avoir un accident dans les ruines.

— Non, rien de ce côté-là non plus. J'ai vérifié ce matin aussi.

Louis, soucieux, fronça les sourcils et s'adressa à son cousin.

— Tu ne devais pas passer chez lui hier pour proposer de l'aider à déblayer la cave ?

— Si, j'y suis allé dans l'après-midi, vers 4 heures : il n'y était pas. Ceci dit, il n'y a pas de quoi rameuter le ban et l'arrière-ban ! Si ça se trouve, il est en train de courir le guilledou quelque part.

— Ce n'est vraiment pas son style, rétorqua, d'une voix sèche, le quincailler, irrité par l'insouciance de Pierre-André.

— Ne vous inquiétez pas trop, intervint Louis. J'irai voir ce qu'il en est et je vous tiendrai au courant. Je peux vous appeler ce soir, chez vous ?

— Oui, mais pas avant huit heures.

— Promis.

Après avoir bourré les sacoches des mobylettes de chevilles, vis, clous, mèches de perceuse et équerres en métal, les cousins reprirent la route. À Sernolay, Ginette, dûment interrogée entre deux bières, leur confirma n'avoir eu aucune nouvelle de Jean-Marie depuis l'avant-veille. Un détour par la maison du simplet ne permit pas, non plus, de résoudre le mystère : la porte d'entrée était fermée à clef. Sincèrement préoccupé, Louis observa les lieux d'un œil averti et décida de prendre les choses en main.

— On n'a pas le temps maintenant, mais il faut revenir à la tombée de la nuit. On tâchera d'entrer d'une façon ou d'une autre. La fenêtre du premier est entr'ouverte, ce ne sera pas bien compliqué je pense.

— Violation de domicile : on risque la taule ! ironisa Pierre-André en ricanant.

— Arrête de faire l'idiot, c'est peut-être grave. Allez viens, il faut rentrer, on va être en retard pour le déjeuner.

Alors que les deux jeunes filaient pleins gaz en direction de leurs pénates, Louis se retourna sur sa selle et hurla pour couvrir le grondement des moteurs.

— Au fait, elle fait toujours la gueule, Constance ?

— Elle est amoureuse que veux-tu !

— Ah bon, c'est nouveau ! Et de qui ?

Pierre-André éclata de rire, faisant vrombir sa bécane, et répondit en criant à tue-tête :

— De toi, grand couillon !!!

Sous le coup de la surprise, son cousin faillit manquer un tournant. Une poule qui picorait tranquillement sur le bas-côté de la route y laissa quelques plumes.

22
Lundi 8 Juillet 1974, début de l'après-midi

— Et surtout, sois prudent sur la route ! lança Mamidou à Charles-Henri, inquiète de le voir prendre le volant après un déjeuner plutôt arrosé.

Le baron répondit par un sourire ironique et, pour faire rager la vieille dame, effectua un démarrage en trombe avant d'adopter, plus loin, une petite vitesse de croisière qui convenait mieux à son tempérament flegmatique. Avec Marie-Caroline, vêtue ce jour-là d'un tailleur-pantalon aux motifs psychédéliques, et Mézabeth, ils allaient rendre visite à la sœur de cette dernière, installée depuis peu à Tournus. De leur côté, Anne-Chantal et Gérard, ayant épuisé les ressources limitées de Colmagny en matière de divertissement, étaient partis passer la journée à Lyon pour dévaliser les boutiques de la presqu'île. Quant à Louis, soucieux de rattraper le temps passé à Cluny dans la matinée, il s'était précipité à la ferme sitôt avalée la dernière bouchée de flan au chocolat. Aussi Yvonne se retrouvait-elle seule à la Grande Maison : une aubaine ! Elle comptait bien profiter de l'occasion pour tirer au clair les questions qu'elle se posait depuis quelques jours.

En effet, les réactions d'Elisabeth, ses cachotteries et les messes basses qu'elle échangeait avec sa fille suscitaient sa perplexité. Comment expliquer que l'inscription, tracée sur le sol du pressoir, et somme toute bien anodine, ait pu la perturber à ce point ? Où s'était-elle rendue la veille en prétextant une obligation peu crédible à l'autre bout du village ? Pourquoi manifestait-elle une telle réticence à discuter des recherches de Jean-Marie au Roc-Pertus? Autant d'interrogations auxquelles Mamidou comptait bien apporter une réponse dans la journée. La voie était libre : il restait à tirer profit de la situation!

Passant outre aux quelques scrupules qu'elle nourrissait à cet égard, la vieille dame décida de fouiller la chambre de Charles-Henri et de Marie-Caroline. Après tout, la fin justifiait les moyens! Elle n'aurait qu'à se confesser au Père Magnin le lendemain et Dieu, dans son infinie bonté, lui pardonnerait certainement ce péché, tout à fait véniel, de curiosité. Mais encore fallait-il trouver la clef du semainier dans lequel sa belle-fille conservait, à l'abri des regards indiscrets, tous ses secrets.... y compris, sans doute, ceux qu'elle partageait avec Elisabeth.

Discrète comme une petite souris, Yvonne grimpa à l'étage et entra dans la pièce située au-dessus du salon. Lorsque, deux ans auparavant, elle avait abandonné sa chambre au couple pour prendre ses quartiers au rez-de-chaussée, plus facile d'accès, les lieux s'étaient métamorphosés. Leur caractère suranné et tout le bric-à-brac qui les encombraient avaient disparu en un clin d'œil au profit d'un espace clair et confortable où un grand lit bas, un salon de cuir blanc et une petite table design voisinaient avec de précieux meubles anciens ; parmi eux, un chiffonnier en marqueterie Boulle, rutilant de tous ses cuivres, occupait la place d'honneur, entre les fenêtres.

Mamidou s'en approcha et une rapide inspection confirma ses craintes : le troisième tiroir, dans lequel elle avait surpris sa belle-fille dissimuler des papiers, était fermé. Où pouvait donc se trouver la clef? La fouille méthodique de la pièce se solda par un échec et la vieille dame, découragée, s'écroula dans un profond et douillet fauteuil pour réfléchir. En face d'elle, sur un socle laqué, dont la teinte s'accordait parfaitement aux écailles de tortue du semainier, une superbe sculpture de Germaine Richier attira son regard. Achetée à prix d'or à Drouot et offerte à Marie-Caroline au moment de son mariage, la Chauve-souris appartenait à la série des hybrides, mélange d'être humain et d'animal dont l'artiste avait fait une de ses spécialités. De part et d'autre d'un corps asexué se déployaient d'immenses ailes déchiquetées et transparentes, image d'une société en décomposition. Yvonne, qui reconnaissait volontiers la qualité de l'œuvre et le talent de la sculptrice, éprouvait toujours un certain malaise devant cette vision fantastique et tragique du monde. En laissant vagabonder sa pensée, elle suivait machinalement des yeux la dentelle de bronze lorsqu'une cavité dans le métal attira son attention. Se levant avec un soupir, elle s'en approcha et plongea son regard à l'intérieur. Victoire ! La minuscule clef du chiffonnier y reposait, bien cachée au fond du trou.

Faisant fi de ses ultimes hésitations, Mamidou ouvrit le tiroir avec fébrilité, impatiente de découvrir son contenu. Elle en sortit d'abord un mouchoir maladroitement brodé sur lequel une lettre J surdimensionnée enlaçait de son jambage les initiales MC de sa belle-fille. Suivit un article découpé, paru dans Le Courrier bourguignon au moment de la Libération : le journaliste revenait sur l'affaire du Roc-Pertus, l'exécution d'un des « résistants » et la disparition des autres protagonistes, partis se mettre au vert pour échapper aux représailles allemandes. Enfin, dernier élément de cette modeste moisson, une photo jaunie par le temps représentait Jean, l'un d'entre eux, fièrement campé au milieu d'un champ, à côté d'un épouvantail.

Yvonne se rappelait parfaitement le jeune homme. Arrivé au village en 1943, et venu d'on ne savait où, il travaillait comme ouvrier agricole à la ferme des Combes. Beau parleur, il faisait l'unanimité auprès des donzelles de Colmagny qui succombaient toutes à son physique de jeune premier et à son sourire ravageur. Après la dénonciation anonyme, il avait disparu dans la nature et ne s'était plus jamais manifesté. On ignorait d'ailleurs tout de lui et personne n'avait jugé utile d'entreprendre des recherches.

La vieille dame fronça les sourcils. Marie-Caroline faisait-elle partie, à l'époque, des groupies du bellâtre ? Ou pire, de ses conquêtes ? À priori, oui : la photo et le mouchoir l'attestaient hélas... Cette aventure de midinette en mal d'amour contraria Mamidou qui croyait dur comme fer aux vertus de la chasteté avant le mariage. Comment diable ce moins que rien avait-il pu couper l'herbe sous le pied à son propre fils ? Charles-Henri avait quand même d'autres arguments qu'un bouseux qui pérorait à tout va et jouait les jolis cœurs auprès de la gent féminine ! Franchement, il y avait là une faute de goût manifeste ! Elle finit toutefois par se raisonner et haussa les épaules. Après tout, la belle affaire ! Pas de quoi fouetter un chat ! L'histoire remontait à trois décennies et, depuis, Marie-Caroline s'était toujours montrée une épouse modèle. Mieux valait oublier ce petit secret et passer l'éponge en faisant mine de tout ignorer.

À moins que .... Perturbée par une pensée inquiétante, Yvonne s'assit de nouveau et se prit la tête dans les mains. Se pourrait-il que le bonhomme soit reparu ? Après tout ce temps, cela semblait peu probable. Mais, sinon, comment justifier l'attitude, pour le moins suspecte, de Mézabeth et ses conversations, sous le manteau, avec sa fille ? Impensable de laisser le quidam, s'il refaisait surface, mettre à mal la bonne entente du couple ! Il fallait en avoir le cœur net, impérativement. Restait à savoir de quelle manière !

Abimée dans sa réflexion, la vieille dame prit subitement conscience d'une présence dans le couloir. Avec une vivacité dont elle se croyait bien incapable à son âge, elle se réfugia derrière une jolie bonnetière Louis XIII en pointes de diamant et retint son souffle. À son grand soulagement, la femme de ménage rejoignit directement la lingerie sans même s'arrêter devant la porte entrouverte de la chambre. Mamidou referma précipitamment le tiroir et décida de filer en douce. Il s'en était fallu d'un cheveu qu'on ne la surprît la main dans le sac !

23
Lundi 8 juillet, au même moment

Au sous-sol de la maison des Frères, la partie de ping-pong n'en finissait pas. Sommée par sa mère de surveiller les jumelles, Jeanne s'ennuyait à mourir. Elle avait passé l'âge de s'amuser avec ces gamines et les hurlements suraigus de celles-ci, à chaque point gagné, commençaient à lui porter sur les nerfs. Il fallait qu'elle trouve le moyen de s'éclipser au plus vite. Hors de question de rater son rendez-vous avec François pour servir de garde-chiourme aux deux pestes !

— 21 à 17, t'as encore perdu, cria Astrid en trépignant de joie tandis que Blanche, humiliée par trois défaites successives, jetait, d'un geste rageur, sa raquette sur la table.

L'adolescente profita de l'occasion pour intervenir.

— Et si on allait faire un tour dehors ? On pourrait jouer à cache-cache histoire de changer, non ?

La proposition agréée, Astrid fut désignée comme chercheur et reçut pour consigne de compter lentement jusqu'à cent avant de partir en chasse. Le front appuyé sur le tronc d'un vieil orme, les yeux clos, elle commença son énumération. Pendant que Blanche se précipitait vers la resserre au fond du jardin, Jeanne pris discrètement la poudre d'escampette. Une fois dans la rue, elle allongea le pas : elle allait être en retard, mais tant pis, son amoureux patienterait un peu ; il n'en serait que plus heureux de la retrouver ! Tout en marchant, elle sortit de sa poche un tube de rouge à lèvres, subtilisé le matin même dans le cabinet de toilette d'Alix, et s'en barbouilla la bouche et les pommettes. Puis, confiante en son pouvoir de séduction, elle accéléra encore l'allure, impatiente d'échanger un premier baiser avec l'élu de son cœur, baiser qu'elle lui avait promis à leur dernière rencontre. Elle s'inquiétait toutefois un peu : saurait-elle s'y prendre ? Sa connaissance du sujet se limitait à quelques westerns et péplums dans lesquelles une star à la chevelure permanentée succombait d'extase dans les bras musclés d'un acteur beau comme un dieu. Et c'était tout ! Contrairement à ses copines de classe, qui se targuaient d'aventures multiples, elle était encore très naïve en ce domaine : il était d'ailleurs temps que ça cesse... Elle n'allait pas rester une oie blanche toute sa vie !

Essoufflée, elle arriva à la Maison borgne et jeta un coup d'œil inquiet alentour : personne en vue ! Elle entra dans le jardin où François, morose, l'attendait, assis sur le banc.

— Ah, te voilà quand même ! Ça fait au moins une demi-heure que je poirote ici en m'ennuyant comme un rat mort. Qu'est-ce que tu fichais ?

Décontenancée par cet accueil peu romantique, Jeanne fit contre mauvaise fortune bon cœur et, arborant un sourire enjôleur, s'assit sur les genoux de son petit ami.

— J'étais coincée avec les jumelles. Pas moyen de me débarrasser de ces deux pots de colle ! Mais on n'est pas là pour parler d'elles, si ? répondit-elle en couvant son petit ami d'un regard enamouré.

— Il fallait te débrouiller : j'ai bien réussi à me tirer de la maison, moi ! En plus, avec mon père qui ne me lâche plus, ce n'est pas du gâteau... Il m'espionne sans arrêt, c'est soûlant à la longue ! J'espère que ça ne va pas durer tout l'été.

— On trouvera une solution, t'inquiète ! Pour l'instant, on est tranquille : profitons-en ! Je t'avais promis quelque chose la dernière fois...

— Ouais, mais t'aurais pu éviter de te peinturlurer avec du rouge ! On va en mettre partout, t'es franchement pas maligne. En plus, comme résultat, ce n'est pas terrible !

— Je pensais te faire plaisir, répliqua Jeanne d'une petite voix, les yeux humides.

— Et ben, c'est raté ! Tu ne ressembles à rien !

C'en était trop. Rouge d'humiliation, l'adolescente se releva d'un bond et fit face au jeune homme. Alors qu'elle rêvait d'une première étreinte passionnée, digne des plus belles scènes du cinéma hollywoodien, ce crétin se comportait comme un butor. Et puis, objectivement, il n'avait rien de commun avec Burt Lancaster ! Cou épais, ongles sales, tignasse hirsute et points noirs sur les ailes du nez, il ne méritait sûrement pas le cadeau qu'elle comptait lui faire. Elle pouvait prétendre à mieux... D'un ton rendu aigu par la colère, elle l'apostropha :

— Tu n'es qu'un pauvre crétin. Qu'est-ce que tu croyais ? Qu'une aristo allait sortir avec un plouc ? Tu plaisantes ou quoi ! Retourne dans ta ferme : tu trouveras bien une péquenaude à te mettre sous la dent. Et ne compte plus sur moi, salut !

Tournant brusquement les talons, elle se dirigea vers le portillon. Mais François ne l'entendait pas de cette oreille. Il n'était pas venu jusqu'ici pour jouer les figurants ! Elle l'avait émoustillé : il fallait qu'elle assume ! Il bondit sur ses pieds, la rejoignit en deux enjambées et l'attrapa par le bras avec brutalité.

— Dis donc, espèce de petite conne, tu n'espères pas t'en tirer comme ça quand même !

— Lâche-moi, tu me dégoûtes !

— Ah bon ! Tu n'as pas toujours dit ça ma poulette. En tout cas, je te rappelle que tu m'as fait une promesse la dernière fois, et les promesses, il faut les tenir ! Ne compte pas te débiner : je n'aime pas être pris pour une pomme !

Tandis que Jeanne essayait en vain de se soustraire à sa poigne de fer, le jeune homme l'attira contre lui et, lui soulevant le menton, approcha son visage du sien avec une joie mauvaise.

— Alors, on fait moins la fière maintenant, hein ?

— Arrête, je vais tout dire à ton père.

— Et tu vas lui dire quoi, ma petite caille ? Que tu m'as aguiché comme une vraie traînée ? Je ne te conseille pas de jouer à ce jeu-là : c'est plutôt risqué. Tu ferais bien mieux de la boucler, crois-moi !

L'adolescente fondit en larmes et se mit à crier.

— Laisse-moi partir, tu me fais mal.

— Tu rêves, ma pauvre ; c'est bien mal me connaître !

Avec une violence délibérée, le garçon plaqua ses lèvres sur celles de la petite puis, soulevant son tee-shirt, il emprisonna un sein dans ses doigts crispés. Jeanne se débattit comme un beau diable et, à grands coups de pied dans les tibias de son agresseur, parvint à se dégager. Echevelée, les traits décomposés, elle l'invectiva d'une voix stridente et recula en chancelant vers le portillon du jardin. Elle faillit se heurter à Fernand Ravineau qui déboulait de la ruelle.

— Que se passe-t-il ? Qu'est-ce que vous faites ici tous les deux ?

La petite, sous le coup de l'émotion, s'apprêtait à dénoncer les agissements pervers de François, mais se retint à la dernière minute. Était-il judicieux de tout déballer au risque de ruiner sa réputation dans le village ? Elle jugea plus prudent de se taire. Le jeune homme, quant à lui, arbora un air innocent, écarquillant les yeux avec étonnement.

— Eh bien quoi ? On discute tout simplement. C'est interdit ?

— Tu te fous de moi ? J'ai entendu crier la gamine.

— Elle imitait sa grand-mère quand elle râle après la bonne, je ne vois pas où est le problème !

— C'est ça : prends-moi pour un imbécile !

Menaçant, Fernand s'approcha de son fils et, les yeux plissés, le fixa d'un regard dépourvu d'aménité.

— Pauvre idiot. Tu t'imagines que je n'ai rien compris à ton manège.

— Je ne comprends pas du tout de quoi tu parles.

— Bien-sûr ! Continue à te foutre de moi, va ! Mais faut pas croire que je serai toujours là pour couvrir tes saloperies et te protéger. En attendant, tu laisses cette gosse tranquille : je ne veux plus jamais te voir rôder autour d'elle, c'est bien compris ?

— Je suis majeur, je n'ai pas d'ordre à recevoir de toi !

— Ah, tu le prends comme ça ! Parfait ! Si tu n'es pas content, fiche le camp ; je ne te retiens pas.

Convaincu que son père n'hésiterait pas à le jeter à la rue comme un malpropre, François décida de calmer le jeu et baissa la tête.

— Bon, ça va ! Mais, tu te trompes, je n'ai rien fait du tout.

— Ouais, j'aimerais en être sûr. En attendant, dégage d'ici, et vite : Il y a du boulot à la ferme !

En quittant la Maison borgne, François croisa Raymond Bontemps. Le vieil homme, alerté par les cris de Jeanne, se précipitait vers le jardin, les poumons en feu. Il marqua un temps d'arrêt et jeta un regard suspicieux au fils Ravineau. Se pourrait-il que ...? L'image de l'adolescente, cheveux en bataille, maquillage défait et air égaré, confirma ses craintes. Sans même adresser la parole à Fernand qui, debout près du banc, ne savait quelle contenance adopter, il entoura, d'un bras protecteur, les épaules de la gamine et, secoué par une toux caverneuse, la reconduisit chez elle à petits pas. Il s'interrogea : fallait-il raconter cette affaire à Alix ? Pas sûr, inutile de l'inquiéter. Après tout, l'entreprise avait, de toute évidence, tourné court et, échaudée par la mésaventure, la gamine se montrerait plus circonspecte à l'avenir. Quant à ce salopard de François, son père semblait le tenir sous contrôle.

Quoique... En y réfléchissant bien, Raymond fut pris d'un sérieux doute à ce sujet...

24
Lundi 8 Juillet 1974, le soir

— Tiens bien les montants, j'y vais ! lança Louis à Pierre-André en grimpant à l'échelle après s'être assuré, d'un rapide coup d'œil, que la voie était libre.

Personne en vue, heureusement ! Il n'était pas très fier de la méthode employée mais devait à tout prix résoudre le mystère de cette disparition : Jean-Marie n'avait pas l'habitude de s'évanouir dans la nature sans prévenir et se trouvait probablement en danger. Les gendarmes refusant d'intervenir, il ne restait que cette solution.

Agrippé aux volets, le jeune homme poussa du pied la fenêtre entrouverte, alluma une torche et sauta dans la pièce. Il s'agissait d'une chambre à coucher, celle du simplet sans doute, joliment meublée d'un lit bateau, d'une armoire bressane en merisier et loupe de frêne, et d'une petite table ovale à pied central. Aux murs, une série de gravures polychromes représentaient l'abbaye de Cluny sous divers angles. Au sol, des tomettes de Bourgogne en terre cuite, récemment cirées, luisaient doucement.

Il balaya les lieux du faisceau de sa torche : rien de particulier ! Après avoir inspecté le cabinet de toilette adjacent, il descendit l'escalier et pénétra dans la salle principale. Des miaulements aigus l'accueillirent et un chaton borgne, dépourvu d'oreille droite, se précipita dans ses jambes, manquant de le déséquilibrer.

— Eh alors, minou, tu me parais bien malheureux ! Tu as perdu ton maître ? se moqua gentiment Louis. Attends un peu, on va s'occuper de toi, ajouta-t-il en actionnant le verrou de la porte d'entrée.

Pierre-André, également muni d'une lampe de poche, le rejoignit et éclata de rire.

— Super, la déco ! J'adore le style..., surtout Les Glaneuses en tapisserie. Il ne manque plus que les castagnettes et la poupée en porcelaine pour couronner le tout. Je sens que je vais prendre des idées pour ma chambre ! ! !

— Tu peux arrêter de jouer les imbéciles trente secondes ! Je te rappelle qu'on est là pour retrouver Jean-Marie ! Au lieu de faire l'idiot, regarde donc dans le frigidaire si tu ne vois pas un truc pour nourrir cet animal : Il a l'air de mourir de faim.

Le jeune homme ouvrit le réfrigérateur et exhiba, d'un air dégoûté, une assiette qui contenait un morceau de viande spongieux et rosâtre.

— Ça irait cette horreur ?

— Oui, c'est du mou, coupe-le en petits morceaux. Et mets-lui aussi un peu de lait avec de l'eau ; il doit crever de soif !

— Tu abuses. Tu ne veux pas que je change sa litière, en plus !

— Pourquoi pas après tout ?

Pendant que Pierre-André s'acquittait de ses diverses tâches avec une répugnance manifeste, Louis fit le tour de la pièce. Rien d'anormal a priori. En éclairant la desserte, il tomba sur la plaque d'identité de poilu dont avait parlée Mézabeth et l'observa avec intérêt. Très usée, elle ne révélait presque rien de son propriétaire, à part l'initiale du nom, un R, et ce prénom, Léon, que personne ne portait au village. En orientant le faisceau de la torche en lumière rasante, il parvint néanmoins à repérer, presque effacée, la dernière lettre du patronyme, un S. Mais pas moyen d'en apprendre plus ! Au dos, tout avait disparu à l'exception d'un chiffre à peine lisible qui ne permettait pas, à lui seul, de préciser l'identité du soldat.

Peu optimiste sur ses chances de découvrir un indice qui lèverait le voile sur la disparition de Jean-Marie, le jeune homme ouvrit une penderie aménagée dans le renfoncement du mur. La vareuse bleue en toile, que le simplet portait au quotidien, ne s'y trouvait pas. En revanche, une veste en laine, à motif pied-de-poule, de belle facture mais d'une coupe démodée, était suspendue à un cintre. Il s'en empara et poussa une exclamation de surprise :

— Viens voir, il y a un truc pas normal !

— J'arrive ! Tu as trouvé quelque chose ?

— Regarde toutes ces traces ; on dirait du sang, non ?

— Oui, peut-être... Mais, si c'est du sang, il n'est pas récent ; de toute façon, elle remonte au moins à la guerre, cette veste : on dirait celle de Jean Gabin dans Le Quai des Brumes, en nettement plus chic.

— Tu crois qu'elle viendrait du Roc-Pertus ?

— Possible, va savoir ! En tout cas, ce n'est pas le genre du gogol d'avoir des fringues de bourge comme ça !

Louis éclaira l'étiquette, cousue sur la doublure en-dessous du col, entièrement couverte d'une tache brunâtre qui débordait sur le satin.

— Rien à en tirer, on ne peut plus lire un mot.

— Attends ! Montre les boutons : ils sont curieux...

En effet, gravées dans le métal, trois lettres, en calligraphie anglaise, formaient un motif décoratif : un grand T qu'accompagnaient un C et un N de taille plus réduite. Pierre-André prit un air dubitatif.

— Ça me dit vaguement quelque chose, mais quoi ? Mystère...

— À moi, rien du tout. Attention ! Eteins ta lampe, j'ai l'impression que quelqu'un rapplique par le jardin !

Les deux jeunes abandonnèrent le vêtement par terre,

se précipitèrent hors de la pièce et, tirant la porte derrière eux, se réfugièrent sous l'escalier qui menait à l'étage. Ils entendirent peu après le bruit d'un interrupteur et des pas lourds qui trahissaient une présence masculine.

– Tu as planqué l'échelle j'espère ? murmura Louis, inquiet.

– Oui, mais on a laissé la porte d'entrée ouverte ; ça devait se voir.

– Tant pis, et silence, il va nous entendre !

– C'est qui ?

– Je ne sais pas... Pas Jean-Marie en tout cas, on ne l'entend jamais approcher.

Dans la salle d'à côté, Fernand Ravineau ramassa la veste, tombée au sol, et la considéra, avec attention. Tissu défraîchi, style désuet, elle ne datait pas d'hier ! À l'évidence, l'idiot du village l'avait récupérée en fouillant dans les ruines. Appartenait-elle au malheureux Joseph Combes, ce qui justifierait les traces de sang ? Impossible ! Il n'avait pas les moyens de s'offrir ce genre de vêtement. Perplexe, l'homme l'accrocha au dossier d'une chaise et fit une rapide inspection des lieux : rien d'anormal. Jean-Marie était probablement parti faire un tour en laissant tout ouvert. Pas très malin. Mais, si on se fiait au mou bien frais dans la gamelle du chat, il ne devait pas être loin. Repoussant la bestiole, qui ronronnait à tout va en se frottant à ses mollets, il éteignit la lumière et ferma consciencieusement le battant en partant.

Soulagés, les cousins s'extirpèrent de leur cachette et revinrent dans la pièce principale.

– Bon, allez, cette fois, on file ! décréta Pierre-André. Inutile de s'attirer des ennuis. De toute façon, tu as fouillé partout : Il n'est pas là, c'est sûr !

Après avoir rangé la veste dans la penderie, son cousin s'apprêta à le suivre. Il croisa le regard du chaton, assis sur l'accoudoir du fauteuil en cuir. À l'iris vert de Louis fit écho l'œil unique de l'animal, sensiblement de même teinte. Une complicité s'établit sur le champ. Avec un soupir résigné, le jeune homme saisit l'animal par la peau du cou et le glissa dans l'échancrure de son blouson.

— J'espère que Chouki ne me fera pas une crise de jalousie !

25
Mardi 9 Juillet 1974, le matin

Les craintes de Louis s'avérèrent infondées. Le petit chat, baptisé Roudoudou, fut adopté à l'unanimité par les occupants de la Grande Maison, y compris par la pie qui, après un instant de réflexion, la tête penchée, vint l'adouber d'un léger coup de bec sur l'occiput. Quant au berger de Brie, Irak, d'ordinaire peu amène avec la gent féline, il succomba illico au charme de la bestiole. Après lui avoir flairé le derrière à plusieurs reprises, il la prit même sous son égide : investi d'une mission de garde du corps, il ne la quittait plus.

Pour l'heure, étendu sur le flanc, le chien distrayait son protégé en agitant mollement la queue. Roudoudou, ravi, bondissait et virevoltait à la poursuite de l'appendice, effectuant mille et une cabrioles dans l'herbe de la pelouse. Mézabeth observait la scène, un sourire amusé aux lèvres.

— Il est vraiment adorable ce minet ! Je ne sais pas où Louis l'a récupéré mais il a bien fait de le ramener ici.

— De grâce, Elisabeth, pas vous ! rétorqua Mamidou, d'un ton excédé. Depuis le petit-déjeuner, tout le monde s'extasie devant cet animal, certes sympathique, mais plutôt quelconque. À croire qu'il s'agit de la merveille des merveilles ! On ne peut pas dire que ce soit le cas... En plus, dans nos campagnes, les chatons ne sont pas, à proprement parler, des produits rares !

— Oui, mais reconnaissez-le, celui-ci a un petit plus, non ?

— Si on peut dire... Il a quand même un œil et une

oreille en moins... Ceci étant, si le spectacle vous passionne, asseyons-nous ici, j'ai besoin d'une pause.

Les vieilles dames approchèrent des fauteuils de jardin et, après s'être calé le dos avec force coussins, s'installèrent face à la vue et aux deux compères. La comtesse, qui avait appris de Raymond Bontemps les tribulations de la petite Jeanne, décida d'en informer sa grand-mère. La mésaventure avait dû considérablement refroidir les ardeurs de la gamine, mais il fallait rester prudent. D'autant que François Ravineau n'aurait peut-être pas l'intention d'en rester là... Comme elle s'y attendait, Yvonne prit très mal la nouvelle et embraya aussitôt sur les récentes mesures engagées par le Gouvernement, un sujet sur lequel elle affichait des opinions bien arrêtées :

– De toute façon, tout part à vau-l'eau dans ce pays ! Depuis 68, on ne parle plus que de liberté sexuelle, de droits des femmes sur leur corps... et j'en passe ! On a déjà autorisé la contraception, il est maintenant question de légaliser l'avortement ! ! ! Où va-t-on à ce rythme-là ? Pas étonnant que la gamine ait perdu tous ses repères...

– Vous êtes injuste, ces mesures ont du bon. Le gouvernement veut simplement dépénaliser une pratique clandestine qui, de toute façon, est monnaie courante. On parle de trois cent mille cas chaque année et la loi n'est jamais appliquée, vous le savez bien. Il faut sortir de cette hypocrisie collective !

– Eh bien, excusez-moi de vous paraître rétrograde mais je ne partage pas votre avis ! Pour moi, l'avortement reste un crime et, si ma mémoire ne me trompe pas, un certain principe divin interdit d'attenter à la vie, non ?

– On ne peut quand même respecter à la lettre l'Ancien Testament !

– Et pourquoi pas ? D'ailleurs, je reste convaincue qu'une femme ne peut s'épanouir qu'en étant mère.

— Qu'est-ce que vous pouvez être réactionnaire, Yvonne ! Il est temps que les femmes prennent leur vie en main et choisissent, ou non, la maternité. Vous ne pouvez pas revenir en arrière indéfiniment, les choses ont changé depuis quelques années.

En effet, depuis le début des années 1970, les mentalités évoluaient. Publiée dans le Nouvel Observateur, la pétition des « 343 salopes », comme les avait surnommées Charlie Hebdo, avait mis un coup de projecteur sur l'avortement. En admettant avoir elles-mêmes recouru à cette pratique, des femmes célèbres ou anonymes se plaçaient délibérément sous le coup de la loi. L'année suivante, le tribunal de Bobigny acquittait la jeune Marie-Claire, qui avait avorté à la suite d'un viol, et dont la cause fut brillamment défendue par l'avocate Gisèle Halimi. Un Mouvement pour la libération de l'avortement et de la contraception, le MLAC, avait même vu le jour en 1973. Si elle conservait quelques réserves à ce sujet, Mézabeth convenait volontiers que la législation devait s'adapter aux nouvelles conditions de l'époque. Impossible d'en rester à la loi des années 1920 que plus personne ne respectait ! Agacée par la joute verbale, elle repartit, de plus belle, à l'assaut :

— Si on vous écoutait, Yvonne, on en reviendrait aux bonnes vieilles méthodes de Vichy !

— De quoi parlez-vous ?

— De la loi de 1942 qui faisait de l'avortement un crime d'Etat, passible de la peine de mort !

Mamidou, qui avait toujours condamné l'Etat français et le pouvoir personnel du Maréchal Pétain, haussa les épaules.

— C'était un peu excessif, en effet… Mais elle n'a jamais été mise en œuvre à ma connaissance.

— Vous avez la mémoire courte, très chère. On a quand

même envoyé à la guillotine deux « faiseurs d'anges » !

– Ah oui, je me souviens parfaitement de cette histoire. Comment s'appelait la femme déjà ? Marie- Louise Garaud, ou Giraud plutôt, elle habitait Cherbourg. Il faut dire qu'elle n'en était pas à son coup d'essai je crois. Plus d'une vingtaine d'interventions, dont l'une avait mal tourné d'ailleurs. On l'a exécutée « pour l'exemple », paraît-il : à cette époque, on ne badinait pas avec la famille, au moins !

– Ne me dites pas que vous étiez une inconditionnelle de « Travail, Famille, Patrie » quand même ! fit mine de s'alarmer Mézabeth.

– Vous savez pertinemment que non mais, au risque de paraître vieux jeu, je reste très attachée à certains principes...comme la fidélité dans le couple par exemple ou la virginité avant le mariage. Mais j'ai l'impression que ces principes vous posent problème : je me trompe, non ? rétorqua Mamidou en fixant son amie d'un regard inquisiteur.

La comtesse balbutia une réponse inaudible et, prétextant la nécessité d'une sieste préprandiale, coupa court à la conversation. En montant à sa chambre, elle ruminait la dernière phrase d'Yvonne. Celle-ci avait-elle deviné ce qu'on taisait depuis trente ans ? Mais comment ? Seuls, Fernand Ravineau et Marie-Caroline étaient au courant. Sa fille n'en aurait certainement pas parlé ; quant à Fernand, pourquoi révéler cette vieille histoire aujourd'hui ? Cela n'avait aucun sens ! En tout cas, quels que soient les soupçons de Mamidou, cette dernière ignorait probablement le détail des faits. Heureusement d'ailleurs car elle ne l'accepterait jamais, Mézabeth en avait désormais la certitude : il faudrait emporter ce vieux secret dans la tombe !

Dans le jardin, Yvonne, n'avait pas quitté son fauteuil.

Ressassant ses doutes, elle suivait des yeux Irak et Roudoudou lancés dans une course-poursuite autour de la pelouse. Le chien, plus rapide mais moins vif que le chaton, perdait progressivement du terrain et finit par renoncer, langue pendante. Bon perdant, il accueillit d'un jappement joyeux son compagnon de jeu lorsque celui-ci vint se lover entre ses pattes pour un repos bien mérité. Toute à ses pensées, la vieille dame regardait les deux animaux sans les voir. Des pas sur le gravier l'arrachèrent à ses ruminations. Elle vit approcher la baronne, élégamment vêtue, pour une fois, d'une ravissante robe en soie naturelle à imprimé fleuri.

— Eh bien, mère, vous n'allez pas bêtifier vous aussi devant cette bestiole j'espère ! On ne parle que d'elle depuis ce matin : je n'en peux plus !

— Rassurez-vous, je suis totalement insensible à sa séduction ; j'admirais tout simplement le paysage. Quel ravissement ces collines, on ne s'en lasse pas !

— Je suis bien d'accord : c'est un des grands atouts de la maison, cette vue. Mais je ne suis pas venue pour discuter des charmes de la campagne. Je voulais seulement vous prévenir que je ne serai pas là pour le déjeuner. Mon amie Jacqueline m'a conviée à un déjeuner entre femmes pour échanger des vieux souvenirs de classe ; je pars pour Chalon dans dix minutes.

Restée seule, Mamidou fronça les sourcils. Un rendez-vous de dernière minute avec une amie d'enfance ? Elle n'était pas dupe des mensonges de sa belle-fille ! Le prétexte du « déjeuner entre femmes » avait bon dos. La menace se précisait ! Ce hâbleur de résistant du dimanche avait certainement refait surface et, à la barbe de Charles-Henri, Marie-Caroline courait le rejoindre. Elle s'était déjà absentée plusieurs fois pour des motifs fallacieux au cours de la semaine précédente.

À ce rythme-là, tout le fragile édifice familial risquait de s'écrouler : il fallait impérativement réagir ! Restait à savoir comment.

26
Mardi 9 juillet 1974, un peu plus tard

Au volant de sa Simca 1000 Coupé, la baronne regardait défiler le paysage d'un air absent. Aux prés du Clunysois avaient succédé les pentes couvertes de vignes, tracées au cordeau, de la côte chalonnaise. Montagny, Givry..., autant d'appellations qui participaient à la réputation de la Bourgogne en matière viticole. Peu concentrée sur sa conduite, elle faillit emboutir la barrière du passage à niveau qui coupait la route à la sortie d'un village. Elle freina brutalement, ramenée à la réalité par une forte poussée d'adrénaline, et essaya de se raisonner. Sincèrement attachée aux règles morales, qui avaient sous-tendu toute son éducation, elle détestait mentir. Or, depuis quelques jours, elle ne cessait d'imaginer des raisons, plus ou moins crédibles d'ailleurs, pour échapper à la perspicacité de son mari et de sa belle-mère. Mais c'était pour la bonne cause après tout ! Inutile d'avoir mauvaise conscience : elle voulait simplement ménager Charles-Henri ; à défaut d'un véritable sentiment amoureux, elle avait toujours éprouvé pour lui une réelle tendresse et se refusait à le faire souffrir. Sous ses allures de gentleman farmer, optimiste et sûr de lui, elle le savait fragile. Apprendre la vérité risquait de le miner : il valait mieux lui cacher celle-ci le plus longtemps possible. Et puis, nul ne savait comment les choses tourneraient ; il était préférable de se taire, en attendant d'acquérir une certitude.

Après avoir jeté un coup d'œil à sa montre, Marie-Caroline accéléra. Elle traversa, en la considérant d'un regard critique, la banlieue sud de Chalon, défigurée par une périurbanisation anarchique qui avait transformé les bords de Saône en un ignoble ramassis d'entrepôts et de bâtiments commerciaux ou industriels plus laids les uns que les autres. Leur succédaient de grands immeubles tristounets, construits à la va-vite après-guerre, en pleine crise du logement. Un peu plus loin, la belle place du Port-Villiers, qui faisait face à l'île Saint-Laurent et à l'ancienne tour du Doyenné, marquaient, de manière plus heureuse, l'entrée du centre-ville.

Marie Caroline contourna la statue de Nicéphore Niepce, l'inventeur de la photographie, dont la commune se vantait à juste titre d'être le berceau, et s'engagea dans la rue du Général Leclerc. Elle l'enfila jusqu'à l'obélisque qui commémorait la construction du canal du Centre au XVIIIe siècle, et monta la rue de la Citadelle avant de poursuivre, plein nord sur l'avenue de Paris. À droite, le grand établissement scolaire, Saint-Dominique, lui rappela son enfance. Attirés par la bonne réputation du lieu, dirigé par des religieuses, ses parents l'y avaient mise en pension plusieurs années. Elle conservait un excellent souvenir de l'atmosphère vieillotte des salles de classe, de l'odeur poussiéreuse des immenses couloirs, du joli jardin derrière la cour de récréation et surtout des parties de rigolades avec ses amies qui ne rataient pas une occasion de faire enrager les « bonnes sœurs ». Une époque bénie, à l'abri des tracas de l'existence ! Plus tard, les aléas de la vie avaient sonné le glas de cette insouciance, hélas !

Rattrapée par ses préoccupations du moment, Marie-Caroline se retrouva de nouveau face au dilemme qui la tourmentait. Fallait-il maintenir seulement sa mère dans le secret ou informer, dès ce soir, le reste de la famille ? Il est vrai que Mézabeth, sa confidente privilégiée depuis bien longtemps, ne lui ménageait jamais son soutien dans les situations difficiles ; elle l'avait prouvé au moment de la Libération, on pouvait lui accorder entière confiance ! En revanche, elle redoutait un peu les réactions de sa belle-mère et d'Anne-Chantal. Quant à Charles-Henri et Louis, ils seraient dévastés ! De toute façon, il fallait attendre un peu avant de prendre une décision... en connaissance de cause.

Impatiente d'arriver à destination, elle grilla un feu rouge et, peu après, pila devant un immeuble cossu dans une petite rue bourgeoise.

27
Mardi 9 juillet 1974, fin de matinée

— Sept choux à la crème, quatre religieuses au chocolat, cinq succès, six tartes aux fraises et.... C'est quoi ces trucs qui ressemblent à des fromages de chèvre ?

Gérard jeta un œil dubitatif à une rangée de gâteaux que leur forme tronconique et leur couleur blanc cassé apparentaient à la spécialité fromagère locale.

— On les appelle effectivement comme ça ; ce sont des meringues fourrées d'une ganache au praliné, répondit la pâtissière d'un ton affable.

— Eh bien, mettez-en trois : ça apportera un peu d'originalité au moins !

— Tu ne crois pas que c'est trop, intervint Anne-Chantal ; je te rappelle que nous ne sommes que six à midi, maman est partie déjeuner chez une vieille copine à Chalon.

— T'inquiète, bébé, tu sais bien que j'ai les moyens de m'acheter toute la boutique si je veux. En plus, avec Mézabeth, il vaut mieux compter large ! s'esclaffa Gérard.

Puis, plissant les lèvres en une moue réprobatrice, il ajouta d'un ton condescendant :

— Bon, si vous n'avez rien d'autre à proposer, on va être obligé de s'en faire une raison !

Atteinte dans sa dignité, la commerçante répliqua vertement qu'en semaine, le choix était forcément plus limité que le dimanche et, devenue subitement mutique, se concentra sur ses comptes sans plus accorder un regard au malotru.

Dans la file d'attente, Raymond Bontemps commençait

à s'impatienter. Appuyé sur sa canne, il souffrait d'une douleur thoracique violente et n'aspirait qu'à retrouver un bon fauteuil dans une pièce bien fraîche. Encore trois clients avant lui : cela n'en finirait jamais ! Heureusement, le couple de touristes allemands ne s'attarda pas : il rafla les derniers croissants et sortit immédiatement les dévorer dans la rue. Ne restait plus que Fernand Ravineau qui se contenta d'une baguette et quitta les lieux après un bref hochement de tête à l'intention du vieil homme.

Ce dernier le retrouva sur le parking, qui entourait l'église de Sernolay, alors qu'il entassait ses courses dans le coffre d'une vieille deux-chevaux. C'était le moment d'en profiter pour tirer une certaine affaire au clair ! Faisant fi des élancements lancinants dans sa poitrine, Raymond s'approcha.

— J'aimerais bien discuter avec vous un moment ; vous avez cinq minutes ?

— Qu'est-ce que vous voulez ?

— Vous parler de votre fils François.

— Et pourquoi ? Il me semble que l'histoire est réglée, non ? Je m'arrangerai pour qu'il ne revoie plus la gamine : point !

— Il se comporte toujours comme ça avec les filles ?

— De quoi parlez-vous ?

— Vous savez très bien qu'il l'a sérieusement brusquée.

— Vous exagérez, il lui a volé un baiser ; pas de quoi fouetter un chat !

— La petite avait une autre version des faits...

— De toute façon, il n'y a pas eu mort d'homme ; je veillerai à ce que ça ne se reproduise pas : c'est bon. Maintenant, j'ai à faire : au plaisir de vous revoir !

D'un geste ironique, Fernand Ravineau retira son béret et effectua une parodie de révérence avant de tourner le dos à Raymond sans autres manières. Ce dernier sursauta à la vue du pansement qui couvrait le crâne du bonhomme. Comme tout le village, il n'ignorait rien des mésaventures survenues aux jeunes lors de la chasse au trésor. Mézabeth lui avait même raconté la poursuite derrière le pigeonnier et l'histoire de la casquette tâchée de sang récupérée par Louis. Ainsi donc, l'auteur de ces mises en scène macabres était ce pauvre type ! Mais quel intérêt avait-il à saboter, de cette manière, un innocent jeu de piste ? En quoi celui-ci le concernait-il ? Se pourrait-il que… ?

Plissant les yeux, le vieil homme se concentra sur l'explication qui lui venait à l'esprit. Mais bien-sûr ! Cela justifiait presque tout : inutile de chercher plus loin, la réponse était là !

Tandis que Fernand Ravineau s'apprêtait à démarrer, Raymond, perturbé par sa sinistre découverte, se pencha à la fenêtre du conducteur.

— Attendez ! J'ai compris vos manœuvres ! Vous ne pouvez pas continuer comme ça : Il faut que vous assumiez !

— Je ne comprends rien à ce que vous dites !

— Ah oui ! Alors expliquez-moi pourquoi vous voulez à tout prix empêcher la chasse au trésor ! En quoi vous dérange-t-elle ?

— Quelle chasse au trésor ? Je ne vois même pas de quoi vous parlez : vous pouvez être plus clair !

— Ne jouez pas les naïfs, vous savez parfaitement ce qu'il en est.

— Absolument pas, désolé !

— Ne vous faites pas d'illusion : vous ne pourrez pas indéfiniment cacher la vérité. Elle finira bien un jour par éclater ! J'ai parfaitement saisi l'intérêt de votre manège, ça ne peut plus continuer ; je vais immédiatement prévenir la gendarmerie : il faut que justice soit faite ! Enfin !

Les mains crispées sur le volant, Fernand Ravineau fixait son interlocuteur avec animosité. À l'évidence, ce vieux schnock avait tout deviné. Si on le laissait faire, il allait ruiner l'existence des siens. Comment empêcher le désastre ? Il fallait trouver une échappatoire... De toute urgence ! En cogitant au moyen d'échapper à la catastrophe, il ne quittait pas des yeux le vieil homme qui, appuyé à la portière, semblait souffrir le martyre. Son regard s'attarda sur l'élégante veste en lin qu'arborait ce dernier, et dont la teinte gris ardoise s'accordait à merveille à une chemise bleu clair. Un détail sur la poche de poitrine retint son attention : brodées ton sur ton, trois lettres se détachaient en léger relief sur le tissu, un grand C qu'accompagnaient un T et un N de taille plus réduite. Il y vit une solution possible à ses problèmes. De toute façon, cela ne coûtait rien de tenter le coup !

— Si j'étais vous, je réfléchirais à deux fois avant d'appeler les poulets. Il me semble que vous avez aussi des trucs pas très clairs sur la conscience, non ?

Le stratagème fonctionna au-delà de ses espérances. Raymond Bontemps changea brusquement d'attitude et perdit toute son assurance.

— Je ne vois pas...

— Alors, je vais être plus clair. Comment expliquez-vous que Jean-Marie ait récupéré une veste de luxe, de la même marque que la vôtre, mais complètement démodée et inondée de sang ? Il y aurait peut-être, là- aussi, de quoi intéresser les flics, je pense...

L'attaque fit mouche. Complètement décontenancé, son accusateur recula d'un pas en titubant. Il ferma les yeux et grimaça de souffrance. La douleur thoracique devenait insupportable : il avait besoin de s'asseoir au plus vite, de reprendre ses esprits... et de comprendre. Comment diable ce vêtement avait-il atterri chez Jean-Marie ? il était convaincu de l'avoir dissimulé, en même temps que le corps. En tout cas, le bonhomme le tenait : impossible d'avertir les gendarmes, au risque de se retrouver lui-même sur le banc des accusés ! Marmonnant une vague excuse, il s'écarta, monta dans sa voiture et s'écroula sur le siège du passager, la tête en arrière.

Sur la place de parking voisine, Fernand Ravineau démarra. Après avoir jeté un œil méprisant au vieil homme, il murmura d'un ton maussade : « C'est toujours pareil : il suffit simplement de garder une longueur d'avance ! ».

28
Mardi 9 juillet 1974, début d'après-midi

Assis sur le mur du pré à cochons, Louis, Pierre-André et Constance discutaient avec animation. La jeune fille, encore sous le coup de sa déconvenue amoureuse, se montrait peu coopérative.

— Pas question d'aller se déchirer les mollets dans le Chemin bleu pour chercher l'autre gogol ; les gendarmes n'ont qu'à s'en occuper, c'est leur boulot après tout ! De toute façon, le sentier est presque impraticable, plus personne n'y passe à part lui.

— Eh bien justement, rétorqua Louis, agacé par l'égoïsme de sa cousine. Raison de plus pour aller y faire un tour.

— Alors, ce sera sans moi, j'ai mieux à faire ; en plus, il fait une chaleur insupportable ; bon courage et à plus tard !

Drapée dans sa réprobation, Constance reprit le chemin de la maison du Doyen, abandonnant les deux garçons à leur conversation. Pierre-André, peu enclin à battre la campagne pour retrouver Jean-Marie, prétexta la nécessité d'assister son père dans l'installation des étagères du cagibi et s'éclipsa à son tour. Resté seul, Louis appela Chouki ; enchantée à l'idée d'une promenade, celle-ci renonça à persécuter un malheureux goret qui subissait, depuis un quart d'heure, ses attaques en piqué, et se percha sur l'épaule de son maître, dont elle picora avec délectation le col de chemise.

Peu après, le jeune homme s'engageait dans le Chemin bleu. Ecartant les ronces et les branches de clématite qui encombraient le sentier, il progressait à petite allure, fouillant du regard l'enchevêtrement végétal, particulièrement dense à cette époque de l'année. Les rameaux brisés et les herbes piétinées témoignaient du passage régulier du simplet qui, pour éviter les railleries constantes de certains villageois, préférait les chemins détournés à la route principale. En dehors de quelques chants d'oiseaux et de la stridulation des criquets, que la température caniculaire de cette belle journée d'été rendait lyriques, le calme régnait.

Courbant la tête pour passer la porte, Louis pénétra dans la cadole qui jouxtait le sentier. De toute évidence, Jean-Marie l'avait occupée récemment : l'assise du vieux banc de bois était dépoussiérée et un mouchoir à carreaux bleus, utilisé pour le nettoyage, se trouvait encore dans une niche du mur de pierre.

Le reste du trajet ne permit pas d'en apprendre plus. Soucieux d'explorer toutes les pistes possibles, le jeune Lantay fouilla également les caves du Roc-Pertus, en vain ; il finit par se résoudre à rentrer bredouille. Par acquit de conscience, il décida toutefois de parcourir une nouvelle fois le Chemin bleu en sens inverse, dans l'espoir qu'un détail lui aurait échappé à son premier passage.

Nullement incommodée par la chaleur, Chouki voletait de ci-de là, prenant un malin plaisir à pourchasser les petits passereaux qui, effrayés, se dissimulaient dans les profondeurs des haies. Louis, de son côté, se décourageait. Malgré leurs différends récents au sujet de la pie, il éprouvait une certaine affection pour le simplet qui, sous ses allures rustaudes, se montrait plutôt finaud et curieux de tout. Où était-il donc passé ? Cette absence de quarante-huit heures ne lui disait rien qui vaille... Jean-Marie ne quittait presque jamais Colmagny sauf pour rejoindre Alfred au bistrot à Sernolay ou faire quelques achats à Cluny. Disparaître deux jours de suite n'entrait pas dans ses habitudes : il y avait certainement un problème. Pas question de laisser cette affaire en suspend !

Décidé à braver l'inertie de la gendarmerie, au risque de s'attirer les foudres de l'adjudant, connu dans toute la région pour son caractère irascible, Louis accéléra le pas. Chouki, lassée de courser les mésanges, l'attendait un peu plus loin, perchée sur une branche d'églantine. Le jeune homme stoppa net. Dans son bec, l'espiègle oiseau tenait un pompon rouge ! La pie avait retrouvé Jean-Marie et, fidèle à ses habitudes, subtilisé l'ornement de son béret ! Il se trouvait donc nécessairement dans les parages…

Reprenant espoir, Louis observa plus attentivement les lieux. Il repéra, derrière le tronc creux d'un vieux chêne, des ronces, couchées au sol, qui libéraient un étroit passage dans le fouillis végétal. Bravant les épines qui déchiraient ses vêtements, il parcourut difficilement une quinzaine de mètres et s'arrêta. À ses pieds, le simplet, recroquevillé en position fœtale, semblait dormir. Louis l'appela et le secoua par l'épaule sans obtenir de réaction. Fou d'inquiétude, il le fit basculer sur le dos et ne put se retenir d'un mouvement de recul. Au niveau de la poitrine, une large tache de sang souillait la vareuse bleue. D'une main fébrile, il déboutonna la veste et posa deux doigts sur le cou. Le cœur battait encore…faiblement. Il ne fallait pas perdre de temps !

Sans plus se soucier des rameaux qui lui fouettaient le visage et des aiguillons qui lacéraient ses avant-bras, le jeune homme se rua dans le chemin. Affolé, couvert d'égratignures, en nage et le souffle court, il arriva à la maison du Doyen, la plus proche du sentier, et se précipita sur le téléphone pour appeler les pompiers. Alertés par le bruit de voix, Pierre-André et sa mère surgirent dans le hall tandis que, toujours haletant, il raccrochait.

— J'ai retrouvé Jean-Marie dans le Chemin bleu, près de la cadole. Il est blessé ; j'ai prévenu la caserne. Ils envoient des hommes. J'y retourne, tu peux venir avec moi ? demanda-t-il à son cousin.

Madeleine, qui, en dépit de son snobisme, était sensible aux malheurs des autres et toujours prête à rendre service, proposa de les accompagner. Alors que son neveu et son fils retournait auprès du simplet, elle resta à l'entrée du sentier pour accueillir les pompiers. L'attente ne dura pas. Peu après, une sirène annonça l'arrivée d'un véhicule rouge dont jaillit une équipe très efficace qui prit les choses en main. En quelques minutes, l'affaire fut pliée et Jean-Marie, toujours inconscient, installé sur un brancard et conduit à l'hôpital de Mâcon. Impressionné par le sang qui inondait la vareuse du gogol, Pierre-André en oubliait, pour une fois, de plaisanter.

— On dirait qu'on lui a tiré dessus, murmura-t-il d'une voix blanche. Qu'est-ce qui se passe dans ce village, bon sang ?

— Laissons les gendarmes s'occuper de cette histoire, intervint sa mère. Nous avons fait le nécessaire : ce pauvre homme est désormais pris en charge. J'espère, en tout cas, qu'il va s'en sortir, il ne mérite pas ça ! Je vous propose de prendre un remontant à la maison : vous semblez près de tourner de l'œil, jeunes gens !

Après avoir téléphoné à la quincaillerie de Cluny pour prévenir Alfred Roumiguet, tous trois s'installèrent sous la pergola avec un petit marc que distillait sous le manteau le mari de Juanita. Encore mal remis de ses émotions, Louis racontait sa découverte et le rôle joué par Chouki lorsque l'imprimé du foulard de sa tante attira son attention. Sur un fond gris perle, se détachaient, en noir et or, des lettres entrelacées, un grand C entourait partiellement un T et d'un N plus petits. Le motif n'avait pas échappé non plus à Pierre-André qui sortit subitement de son mutisme.

— Je savais bien que ces lettres me disaient quelque

chose ! Où avez-vous acheté ce foulard, mère ?

— Vous vous intéressez à la mode maintenant mon chéri ? Tout change, s'étonna Madeleine. C'est Raymond Bontemps qui me l'a offert aux dernières vacances de Pâques lorsque j'ai organisé une réception pour mon anniversaire.

— Et ça signifie quoi, CTN ?

— Ce sont les initiales de son entreprise près de Roubaix, « Confection et textiles du Nord », je crois. Des produits de grande qualité. Impossible, hélas, de s'en procurer directement : à l'exception d'un magasin d'usine sur le site de production et de quelques boutiques locales, la société travaille surtout pour l'exportation.

— Elle existe depuis longtemps cette entreprise ?

— Depuis le XIXe siècle ! C'est l'arrière-grand père d'Isabelle qui l'a fondée. Raymond l'a récupérée dans la corbeille de mariage, ce qui lui a permis de vivre de ses rentes… et de s'installer à Colmagny. Mais pourquoi toutes ces questions ?

Pierre-André interrogea son cousin du regard qui lui fit discrètement signe de se taire. Inutile d'alarmer tout le village pour une veste tachée de sang, oubliée dans les caves du Roc-Pertus depuis des lustres. Jean-Marie aurait certainement une explication à fournir… s'il reprenait un jour conscience !

29
Mardi 9 juillet 1974, en fin d'après-midi

La 4L bleue de la gendarmerie, que conduisait l'adjudant Gaston Labornet, accompagné du brigadier Serge Tallard, s'engagea sur la route sinueuse qui montait à Colmagny. Très énervé, le chauffeur martyrisait le changement de vitesse à chaque tournant et écrasait la pédale d'accélérateur pour tenter, en vain, d'activer la voiture poussive qui se traînait lamentablement dans la côte. Quelle plaie ce bled ! Qui aurait cru qu'un trou pareil puisse mobiliser la brigade avec des histoires sanglantes et insolubles à répétition ? Entre l'enquête sur l'agression de la gamine Raubry, qui piétinait depuis deux ans, et cette nouvelle tentative d'assassinat sur l'idiot du village, cela n'en finissait pas ! Sans compter, en prime, l'énigme de la dénonciation anonyme pendant la dernière guerre, jamais résolue : mais, pour celle-ci, il y avait prescription, heureusement !

Depuis plusieurs mois, l'adjudant multipliait les heures supplémentaires, sans obtenir le moindre résultat, et il commençait à s'impatienter ; se mêlait à son agacement un soupçon de culpabilité qui alimentait sa mauvaise humeur ; à deux reprises, il aurait dû réagir plus vite : la première fois, pour conduire chez le médecin la petite Marion, qui se vidait de son sang après le viol, la deuxième pour lancer des recherches après la disparition du gogol. Sûr que sa hiérarchie allait lui en tenir rigueur... d'autant qu'il n'était pas vraiment en odeur de sainteté auprès de ses chefs. Il faut dire qu'il n'avait pas la langue dans sa poche et que son insubordination commençait à excéder ses supérieurs.

Il stoppa le véhicule devant la maison de Jean-Marie pour un rapide examen des lieux. Précédant Tallard, qui, peu disposé à subir les foudres de l'irascible adjudant, restait en retrait et ne pipait mot, il entra dans la pièce principale dont la porte n'était, curieusement, pas fermée à clef. La décoration était vraiment à l'image du plouc : complètement ringarde ! Gaston Labornet balaya la pièce d'un regard méprisant, nota le mou racorni dans la gamelle du chat, et, après de sommaires recherches, découvrit, dans la penderie, la veste tachée de sang. Il la tendit, d'un air dégoûté, au brigadier.

— Qu'est-ce que vous en pensez ? Elle me semble un peu défraîchie pour servir de pièce à conviction, non ?

— Oui, c'est de la belle qualité mais ça ne date pas d'hier, ce truc !

— Quand il a téléphoné lundi, le quincailler de Cluny nous a bien parlé des fouilles que la victime faisait au Roc-Pertus ? Elle vient peut-être de là...

— Possible ; de toute façon, elle remonte au moins à la guerre, vu sa coupe...

— Bon, on ne va pas trop s'enquiquiner avec ça ; ce n'est pas avec ce genre d'indice qu'on trouvera la clé du mystère, à mon avis !

— Il faudrait que le gars reprenne connaissance, ce serait plus simple ... Vous avez des nouvelles de l'hôpital ?

— Il paraît que son état est stable, c'est tout ce que j'en sais.

Après une inspection sommaire de l'étage, les deux hommes reprirent la route. La comtesse d'Armanjeux avait appelé dans l'après-midi pour signaler aux gendarmes un coup de feu entendu lors de sa promenade le dimanche précédent mais elle ne savait rien de plus : inutile donc de s'arrêter au « château » ; en revanche, le témoignage spontané de Fernand Ravineau, qui disait être passé la veille au soir au domicile de la victime, et évoquait la porte d'entrée ouverte, cadrait mal avec celui d'Alfred Roumiguet qui faisait remonter la disparition à l'avant-veille et prétendait avoir trouvé cette même porte fermée à clef le lundi matin. Il fallait mettre les choses au clair en interrogeant Ravineau !

Alors que la 4L, malmenée depuis plus d'une heure, montrait des signes évidents de fatigue, les gendarmes se garèrent devant l'ancienne ferme des Combes. Pestant contre l'état lamentable du véhicule qui, selon lui, témoignait du mépris des autorités vis-à-vis des brigades locales, l'adjudant Labornet s'en extirpa péniblement et s'essuya le front d'un mouchoir. En plus, il faisait une chaleur d'enfer ! Il n'avait qu'une envie : retrouver sa petite garçonnière à la caserne et écluser une bonne bière fraîche devant le poste. Malheureusement, l'affaire semblait mal engagée et ce n'était pas ce crétin de brigadier qui pourrait lui prêter main forte. Comme d'habitude, il ne devrait compter que sur lui-même : quel métier de merde ! Dans ces bonnes dispositions, il se dirigea d'un pas lourd vers le portail, prêt à brusquer un peu le témoin si nécessaire... Pas question d'y passer la nuit ! Tallard, toujours mutique, lui emboîta le pas en pressentant l'orage.

Derrière la fenêtre de la cuisine, Fernand Ravineau guettait l'arrivée des gendarmes. Il aurait mieux fait de se taire ! Quelle idée avait-il eu de faire entrer le loup dans la bergerie ? Ceci dit, il valait mieux anticiper... Si l'adjudant, dans un sursaut de conscience professionnelle, décidait de relever les empreintes au domicile de Jean-Marie, il trouverait forcément les siennes. De toute façon, il n'avait rien à se reprocher... cette fois du moins ! Il suffirait de reprendre mot pour mot son témoignage et voilà tout : pas de quoi s'affoler. Adoptant une attitude faussement décontractée, il sortit dans la cour pour accueillir les deux hommes et leur proposa de s'installer sous la tonnelle que couvrait une glycine luxuriante. À peine assis, les coudes posés sur la toile cirée et le menton dans les mains, Gaston Labornet commença l'interrogatoire.

— Vous êtes proche de la victime ?

— Pas spécialement, il habite à l'autre bout du village et, à part son copain Alfred, il ne fréquente quasiment personne. Mais je le croise parfois, comme tout le monde.

— Alors, pourquoi être passé chez lui hier soir ?

— Je revenais de La Crau, un de mes prés sur la route de Sernolay ; le matin, j'avais repéré une génisse qui semblait malade ; je suis simplement aller vérifier ce qu'il en était après ma journée de travail.

— Et ensuite ? Que s'est-il passé ?

— Tout était normal ; elle broutait tranquillement avec les autres ; je n'ai pas jugé utile d'appeler le vétérinaire.

— Je me fiche éperdument de la génisse ; je vous questionne sur votre intrusion au domicile de la victime !

Alerté par le ton peu amène de l'adjudant, Ravineau s'inquiéta de nouveau. Se pourrait-il que Raymond Bontemps ait finalement craché le morceau et tout révélé à la gendarmerie ? Auquel cas, il était cuit : les innombrables précautions prises depuis des mois ne serviraient à rien. Les yeux écarquillés, muet d'appréhension, il fixait Gaston Labornet qui manifesta rapidement des signes d'impatience.

— Et alors ?

— Et alors quoi ?

— Pourquoi êtes-vous entré chez la victime ? Je dois vous le dire en chinois ou en serbo-croate ?

Balayant ses inquiétudes, somme toute peu justifiées, Fernand Ravineau se reprit. Il se frappait inutilement. Rien ne prouvait que les gendarmes soient au courant ! Ils étaient simplement venus enquêter sur la disparition du gogol et ignoraient certainement tout de ses manœuvres. Calmé, il répéta, une seconde fois, son témoignage. En passant devant la maison du simplet, il s'était étonné de voir sa porte ouverte alors que la lumière était éteinte ; il avait juste jeté un coup d'œil dans la pièce avant de repartir en refermant derrière lui. L'adjudant fronça les sourcils.

— Tout était normal ?

— Pas tout à fait ; j'ai trouvé par terre une veste tachée de sang. Mais elle paraissait très vieille et les taches aussi : je me suis dit que Jean-Marie l'avait trouvée en fouillant au Roc-Pertus.

— Et vous en avez fait quoi ?

— Je l'ai juste reposée sur le dossier d'une chaise.

— Sur le dossier d'une chaise : vous en êtes sûr ?

— Oui, certain. Sinon, rien de spécial. Il y avait même du mou tout frais dans la gamelle du chat ; donc son maître n'était pas loin.

— Il était là, le chat ?

— Oui, enfin, c'était un chaton. Je l'ai laissé à l'intérieur.

Labornet sombra dans un abîme de perplexité. Tout s'embrouillait dans cette histoire. Entre la veste qui se baladait seule de la chaise à la penderie, l'animal de compagnie qui disparaissait dans la nature et la porte alternativement ouverte ou fermée, il n'était pas sorti de l'auberge ! Tout ça pour ce couillon de gogol dont la perte, de toute façon, n'affecterait personne. La gendarmerie avait mieux à faire. Après avoir pris congé d'un ton bourru, il s'installa au volant, pressé de retrouver son émission préférée en sifflant une gueuze. Vivement la retraite !

30
Mardi 9 Juillet 1974, avant le dîner

Confortablement installée dans un profond fauteuil en cuir blanc, Mézabeth admirait, une fois de plus, la superbe sculpture de Germaine Richier qui ornait la chambre de sa fille. À peine rentrée, Marie-Caroline l'avait rassurée. Le cardiologue et le neurologue, qu'elle avait consultés à Chalon, s'étaient montrés formels : les derniers résultats d'examens permettaient de lever tous les doutes, il n'y avait rien de grave. Son malaise du mardi précédent, qualifié de malaise vagal, relevait d'une simple chute de tension et ne nécessitait pas de traitement particulier. Soulagée par cette bonne nouvelle, la vieille dame lui adressa un sourire chaleureux.

— Tu peux te vanter de m'avoir causé une sacrée frayeur, tu sais !

— Désolée mère, mais soyez certaine que ce n'était pas délibéré, répliqua la baronne en plaisantant.

— Vraiment ? En tout cas, me voilà tranquillisée. Quand je t'ai trouvée inconsciente dans la bergère du salon l'autre jour, j'ai frôlé, moi aussi, la syncope. Heureusement que tu as vite repris tes esprits, mais tu avais une mine à faire peur !

— Eh bien, j'espère avoir retrouvé ma physionomie habituelle....

— Oui, je te rassure, c'est le cas. Tu vas devoir raconter toutes tes misères à ton mari, ta belle-mère et tes enfants, maintenant.

— Est-ce bien nécessaire ? Cela risque de les inquiéter

pour rien, non ?

— Il faut au moins en parler à Yvonne ; elle s'est bien rendue compte que tu lui cachais quelque chose et se fait visiblement du souci.

— Je lui parlerai après le dîner. Mais pas un mot à Charles-Henri ! Anxieux comme il est, il va se faire du mouron dès que j'aurai un petit problème de santé : épargnez-moi ses excès de sollicitude, de grâce !

— Comme tu veux. En revanche, essaie de sonder un peu Mamidou quand tu lui parleras de ton malaise ; j'ai l'impression qu'elle nourrit aussi quelques soupçons sur notre vieux secret. Elle a fait certaines allusions à ce sujet… Je m'interroge !

L'évocation implicite du drame vécu par Marie-Caroline au moment de la Libération jeta un froid. Tandis que la baronne revivait, une fois de plus, cette épreuve douloureuse, qu'elle n'était jamais parvenue à surmonter, Mézabeth se demanda, à nouveau, d'où venaient les doutes de son amie. Fernand Ravineau avait-il finalement vendu la mèche ? Mais quel intérêt aurait-il à révéler la vérité au bout de trente ans ? Cela ne rimait à rien ! Elle fut interrompue dans ses réflexions par la question de sa fille.

— Vous ne croyez pas qu'il serait temps de tout dire ?

La vieille dame se montra catégorique :

— Certainement pas ! Nous n'avons pas gardé le silence depuis la guerre pour rien.

— Les mentalités ne sont plus les mêmes aujourd'hui ; je suis sûre que Charles-Henri et les enfants comprendraient…

— Eux peut-être, et encore, ce n'est pas garanti ! Mais Yvonne, certainement pas, cela la tuerait ! J'ai pu tâter le terrain en discutant avec elle ce matin : elle reste toujours aussi intransigeante en matière de principes. Non, je t'en conjure, sois raisonnable. Je sais que le secret est lourd à porter mais il faut tenir.

— Je ne suis pas sûre ; je n'en peux plus de cette hypocrisie ! Cela empoisonne mon existence. Mes récents problèmes médicaux m'ont ouvert les yeux : je n'ai pas envie de disparaître avec ce non-dit sur la conscience. Il faut que j'en parle !

— Eh bien, tu ferais une grosse erreur, crois-moi, conclut Mézabeth d'un ton sec en se levant.

Tandis que la cloche appelant au dîner retentissait, elle quitta la pièce dans un silence réprobateur. Tout au long du repas, elle épia sa fille d'un œil inquiet, prête à intervenir si la conversation déviait sur le sujet critique, sujet devenu incontournable depuis les annonces faites, lors de la campagne présidentielle, par le nouveau chef d'Etat. Au moment du digestif, pris, comme à l'accoutumée, sur le perron, Marie-Caroline s'éloigna dans le jardin avec sa belle-mère et la comtesse sentit son cœur battre la chamade. Pourvu qu'elle ne déballe pas tout et se contente d'informer Yvonne de ses ennuis de santé ! Elle suivit du regard, avec anxiété, les deux silhouettes qui se détachaient, en ombres chinoises, sur la pelouse, alors éclairée par un superbe coucher de soleil. À l'évidence, la conversation restait sereine. Pas de réaction outragée, pas de prise de bec, la baronne avait dû revenir à la raison : ouf !

De son côté, Mamidou se sentait revivre. Toutes ses appréhensions au sujet de l'ancien amant de sa bru, qu'elle pensait réapparu récemment, disparurent d'un coup. La baronne n'avait rien à se reprocher, sinon un coup de cœur de jeunesse, certes condamnable mais sans réelle gravité. Ses allers-retours à Chalon depuis une semaine étaient simplement liés à des raisons médicales et non, comme elle se l'était imaginé, à des cinq à sept coquins avec un fantôme surgi tout droit du passé. Quant à ce petit malaise, pas de raison de s'inquiéter ! Elle-même avait connu un problème similaire, quelques années auparavant, et ne souffrait d'aucune séquelle.

Aussi est-ce tout sourire, au grand soulagement de Mézabeth, qu'elle revint s'asseoir sur le perron, tandis que la baronne poursuivait sa promenade digestive dans le parc. Quelques minutes plus tard, cette dernière y croisa Louis qui partait rejoindre ses cousins à la maison du Doyen. Marie-Caroline adorait son cadet. Toujours posé, ouvert aux autres et d'un naturel chaleureux, il avait hérité des qualités de Charles-Henri mais se montrait plus solide face aux aléas de l'existence. Sa mère le savait digne d'une entière confiance. Aussi, après lui avoir fait promettre de garder à tout jamais le secret, décida-t-elle de tout lui révéler.

Elle ne lui cacha rien. Sa passion amoureuse pour l'ouvrier agricole de la famille Combes, le beau Jean, qui alliait physique de jeune premier, aisance verbale et charisme exceptionnel; les rendez-vous galants au Roc-Pertus à la tombée de la nuit; la disparition de son amant, évanoui dans la nature, au moment de l'arrestation du jeune Joseph, et dont elle n'avait plus jamais eu de nouvelles; son désespoir lorsqu'elle avait pris conscience de sa grossesse; sa hantise du qu'en dira-t-on à une époque où les « filles-mères » étaient pointées du doigt; le soutien de Mézabeth, mise rapidement dans la confidence, et qui avait pris les choses en main avec son « efficacité » et son pragmatisme habituels.

À cet endroit du récit, la baronne fit une pause, envahie par l'émotion. Louis l'observait avec bienveillance. Ainsi, sa mère chérie qui, en dépit de ses tenues extravagantes, faisait preuve d'un respect scrupuleux des règles et de l'éthique prônées par son milieu, avait mené dans sa jeunesse une double vie qu'il n'aurait jamais soupçonnée. Descendue du piédestal sur lequel il l'avait installée depuis toujours, elle prenait une dimension tout simplement humaine qui la rendait encore plus précieuse à ses yeux. Peu accoutumé aux manifestations physiques de tendresse, il posa, dans un geste maladroit, une main sur son bras.

— Et ensuite ? Racontez-moi tout : je saurai me taire, je vous le promets.

— Impossible de garder l'enfant ! Il a fallu trouver une « faiseuse d'anges » et elle a bien voulu ... intervenir. À l'époque, l'avortement était encore considéré comme un crime, elle risquait la guillotine.

Bouleversée, Marie Caroline s'interrompit de nouveau ; elle revoyait la scène comme si elle s'était déroulée la veille : le local sordide, la compassion bourrue de la femme, le sang, le désespoir... puis la crainte d'une infection, les remords incessants, les nuits sans sommeil, les crises d'angoisse... Tout lui revint. Elle jeta sur son fils un œil inquiet : l'empathie qu'il manifestait lui mit du baume au cœur, elle avait eu raison de se confier à lui !

— Et, en-dehors de grand-mère, personne n'est au courant ? s'enquit-il.

— Si, Fernand Ravineau ! Je ne sais pas comment il l'a appris, mais il était assez proche du groupe des « résistants ».

— Il n'en a jamais parlé ?

— Une seule fois, à Mézabeth, par courrier interposé. À l'époque, elle l'accusait, à tort d'ailleurs, d'avoir dénoncé le fils Combes aux Allemands pour récupérer sa ferme. Pour la faire taire, il a glissé une enveloppe dans sa boîte aux lettres avec un message de menaces et deux baguettes de bois... taillées en forme d'aiguilles à tricoter.

Face au regard perplexe de Louis, elle ajouta d'une voix à peine audible : « c'était un des moyens utilisés pour faire passer les enfants... ». Dévastée par ces souvenirs terribles, et prête à fondre en larmes, elle tourna brutalement les talons et s'éloigna vers le fond du jardin. Le jeune homme n'osa la suivre.

Sur le perron, Elisabeth, qui avait observé la scène à distance et tout compris, poussa un soupir résigné. Avec Louis, pas de risque que le secret soit divulgué. On avait évité le pire !

31
Mardi 9 juillet 1974, dans la nuit

L'homme descendit, à petits pas, les marches grinçantes du vieil escalier et se dirigea vers le placard de l'entrée où il avait dissimulé une vieille boîte d'explosif agricole, utilisé, quelques années auparavant, pour éliminer du jardin une souche importune. Il l'avait retrouvée la veille au hasard d'une intervention sur la chaudière de la cave. Que ne l'eut-il découverte plus tôt ! Elle l'aurait exonéré de cette malheureuse tentative d'assassinat... Il vérifia la présence des cartouches, du détonateur et de la mèche puis, après un détour à la cuisine pour récupérer des allumettes, sortit de la maison. La nuit était claire, douce et le W formé par la constellation de Cassiopée semblait indiquer le chemin. Il prit la route en direction du Roc-Pertus, jetant de fréquents coups d'œil à droite et à gauche pour vérifier que la voie était libre.

La menace se précisait. Si Jean-Marie sortait du coma, il était coincé ! Tous les indices convergeaient pour prouver son implication dans cette affaire, y compris ce fichu mouchoir, oublié dans la cadole du Chemin bleu après la tentative d'assassinat. Tentative avortée d'ailleurs puisque le gogol risquait de s'en tirer ! Il faut dire que l'homme n'avait rien d'un tueur professionnel : sa petite vie bien rangée ne l'avait guère préparé au rôle de criminel. Mais un engrenage malheureux de circonstances était venu bouleverser ce quotidien paisible, auquel il aspirait pourtant de tout cœur. Avait-il eu vraiment le choix ? Aurait-il pu agir autrement ? Les mêmes interrogations sans réponse le taraudaient depuis des années.

De toute façon, il était trop tard pour faire machine arrière. La seule solution, pour mettre sa famille à l'abri du déshonneur... et du désespoir, résidait dans l'élimination des dernières traces de cette histoire et sa propre disparition. Il n'y avait pas d'alternative. Restait à espérer que la gendarmerie ne ferait pas preuve d'un zèle excessif et oublierait rapidement l'affaire au fond d'un placard.

À la lumière de la lune, il aperçut les « fortifications » que les enfants Lantay avaient édifiées sur l'épierrement agricole du Roc-Pertus. Un peu plus bas, trois Charolaises, interrompues dans leur somnolence, regardèrent passer avec surprise cet inhabituel visiteur nocturne. Les chants des grillons, qui stridulaient à l'envi, accompagnaient cette paisible scène champêtre, bien mal accordée aux tourments qui rongeaient l'homme.

Après avoir allumé une torche, ce dernier s'engagea dans les caves et poursuivit lentement jusqu'à l'entrée de la dernière, dont l'accès consistait en une simple brèche dans la maçonnerie. D'une main fébrile, il s'empara d'une cartouche, dans laquelle il inséra le détonateur relié à une longue mèche. Puis, alignées sur celle-ci, il enfonça toutes les autres cartouches dans une profonde fissure à la base du mur, qui ferait office de fourneau de mine, et reboucha soigneusement l'ouverture avec de la terre argileuse prélevée dans la pâture.

Avant d'allumer la mèche, il se glissa dans la dernière cave et balaya les lieux de sa lampe. Au fond à droite, le tas de gravats, fouillé par Jean-Marie, s'était réduit comme une peau de chagrin : le gogol n'aurait pas tardé à découvrir la vérité ! Epuisé par l'émotion, les souvenirs indésirables, et cette équipée en pleine nuit, l'homme s'assit un instant sur un tabouret pour reprendre ses esprits. Oubliant le désordre qui y régnait, il revit la pièce trente ans plus tôt tandis que Léon agonisait dans de terribles souffrances, retenant au mieux ses gémissements pour ne pas attirer l'attention. À cette époque, quelques marches, dissimulées par une végétation touffue, permettaient de descendre directement dans le sous-sol, depuis l'extérieur ; mais le remblai, déversé au moment des travaux d'élargissement de la route, avait provoqué l'effondrement d'une partie de la structure et obturé le passage, ouvrant dans le même temps la brèche qui faisait désormais communiquer cette cave avec les précédentes.

Bien décidé à enfouir définitivement ces lieux maudits sous des tonnes de pierres, l'homme se leva pesamment, sortit de la pièce et craqua une allumette pour allumer la mèche. Grâce à une combustion assez lente, un mètre en quatre-vingt-dix secondes, il disposait de trois bonnes minutes pour quitter les lieux : c'était suffisant, du moins l'espérait-il !

Ce le fut ! Appuyé sur la minuscule tour du « Fort Richard », que Louis, dans sa jeunesse, avait couverte d'une voûte en encorbellement toujours en place, il entendit le bruit de l'explosion, assourdi par la profondeur, se répercuter dans les souterrains et vit s'affaisser, presque au ralenti, le petit bosquet de robiniers qui couvrait la dernière cave. Le secret était définitivement enterré : il ne lui restait plus qu'à quitter lui-même la scène… en toute discrétion !

32
Mercredi 10 Juillet 1974, dans l'après-midi

Le brigadier Tallard, recroquevillé sur le siège passager de la 4L, se faisait tout petit. Depuis ce matin, l'adjudant était d'une humeur de dogue et passait ses nerfs sur tous ses subordonnés à la moindre occasion. Aussi valait-il mieux garder profil bas...

Accablé par la chaleur poisseuse qui régnait dans le véhicule, Gaston Labornet, quant à lui, enrageait : le sort s'acharnait contre lui ; alors qu'il rêvait, la veille, d'une soirée au calme, installé devant le poste, il avait passé un temps infini à bricoler l'installation électrique, qui prenait un malin plaisir à disjoncter pour des raisons mystérieuses, et s'était contenté d'une bière tiédasse avant de partir au lit. Excédé, il n'avait pas fermé l'œil avant quatre heures du matin : autant dire qu'il ne fallait pas lui chercher noise !

Pour ajouter à la guigne, l'hôpital de Mâcon venait d'appeler pour signaler la sortie du coma de Jean-Marie. Malgré les réticences du médecin chef, le capitaine de la brigade, qui savait se montrer persuasif, avait obtenu de l'interroger et avait délégué Labornet pour cette « mission de confiance ». Pas de chance ! Ce dernier détestait les hôpitaux : la couleur jaune pisseux des murs, l'odeur prégnante de désinfectant, les couloirs encombrés de chariots, les blouses blanches ..., lui faisaient horreur. Et pour couronner le tout, il devait se coltiner, une fois de plus, cet imbécile de brigadier qui semblait redouter en permanence que le ciel lui tombe sur la tête !

Après avoir garé la 4L, prête à rendre l'âme, sur un

parking presque vide, l'adjudant se dirigea d'un pas martial vers le bureau d'accueil. Mal informé, il se perdit à trois reprises dans le gigantesque bâtiment, suivi comme son ombre par Tallard qui n'osait pas moufter. Dans un état d'énervement maximal, il trouva enfin la chambre 214 et tambourina à la porte : sans même attendre de réponse, il s'introduisit dans les lieux.

Reliée à toute une série d'appareils, dont Labornet ignorait la fonction, la victime était parfaitement consciente : elle ne semblait pas souffrir outre mesure de sa blessure à la poitrine, ni garder trace des quarante-huit heures passées dans la nature à se vider de son sang. Le bonhomme était peut-être crétin mais il avait une santé de fer ! Après un salut de pure convenance et soucieux de ne pas gaspiller les dix minutes accordées par le médecin, l'adjudant entra tout de suite dans le vif du sujet :

— Vous avez été agressé dimanche dernier dans le Chemin bleu : quelqu'un vous a tiré dessus. Vous vous rappelez quelque chose ?

Jean-Marie jeta sur Labornet un regard torve, garda le silence un long moment, puis laissa tomber d'une voix rogue : « Que dalle ! »

— Comment cela, « que dalle » ? Que voulez-vous dire ?

— Ce que j'y veux dire, c'est k'le simplet, il a rien vu, rien entendu, point !

Ravi de constater le dépit de son interlocuteur, le gogo esquissa un sourire sournois. Il tenait les gendarmes en piètre estime, en particulier cette peste d'adjudant qui, deux ans auparavant, n'avait pas manqué de l'accuser, à tort, du viol et du meurtre de la petite Marion Raubry. À cause de lui, il avait failli se retrouver, à perpète, derrière les barreaux. Heureusement que Ginette, la tenancière du bistrot, était intervenue pour témoigner et lui éviter le couperet, sinon… Qui sait ce qui serait arrivé ? Aussi était-il peu disposé à coopérer.

— J'avions rien de plus à ajouter, z'avez d'autres questions ?

— Ne me dites pas que vous n'avez aucun souvenir ! Vous vous trouviez face au criminel lorsqu'il a tiré. Vous n'avez pas pu le rater !

— Z'avez vu à quoi ça r'ssemble, le Ch'min Bleu ? ? ? Y'a d'la broussaille partout : comment qu'j'aurions fait pour y voir votre gus ?

— Ce n'est quand même pas la jungle du Vietnam, ce sentier ! Vous avez certainement vu quelque chose, au moins repéré un indice qui nous permettrait d'enquêter.

— Que dalle, j'vous répète ! Faudra vous débrouiller sans bibi. D'ailleurs, bibi, l'est fatigué et l'a besoin d'piquer un roupillon. À la revoyure !

Au bord de la crise d'apoplexie, Gaston Labornet dut se faire violence pour ne pas exploser, jugeant finalement peu judicieux de bousculer une victime dans une chambre d'hôpital. Mais, à l'évidence, ce crétin se foutait de lui. Inutile de poursuivre cet interrogatoire stérile ! Trop content de sa petite vengeance mesquine, le gogol refuserait de cracher le morceau ! Houspillant Tallard, qui s'attardait trop à son gré, il sortit en claquant la porte, sous les imprécations du médecin, venu vérifier que l'entretien se déroulait en toute sérénité…

Jean-Marie, ravi d'assister à la déconfiture du petit chef en uniforme, rigolait tout bas : il l'avait bien mené en bateau, le poulet, en lui faisant gober un simple refus de coopérer…alors qu'il ignorait, purement et simplement, l'identité du criminel. Le dimanche précédent, tout s'était passé très vite : ayant entendu des pas derrière lui, il s'était retourné, avait entraperçu une vague silhouette, puis ressenti un violent choc à la poitrine avant de s'écrouler à terre, inconscient. L'eut-il voulu, il aurait été bien en peine de témoigner !

De retour sur le parking, l'adjudant démarra sur les chapeaux de roue et, pied au plancher, sortit à toute trombe de l'hôpital, manquant de peu d'emboutir un brancardier qui poussait une civière. La déveine le poursuivait. Il lui faudrait subir la morgue du capitaine, forcément contrarié par le résultat de la démarche, et la compassion hypocrite de ses collègues. Encore une sale journée en perspective ! Tallard, d'une voix hésitante, le ramena à la réalité.

— Mon adjudant, je crois que nous ne sommes pas sur la bonne route…

— Qu'est-ce que vous me racontez encore ? C'est bien la route de Cluny que je sache !

— Oui, mais, avant de rentrer, nous devons passer à Mailly pour rencontrer Alain Duchatel, vous savez, le viticulteur. Il veut témoigner au sujet de l'affaire Raubry. Il paraît qu'il a vu quelque chose, au moment de l'agression de la gamine à Sernolay la semaine dernière.

— Bon sang ! C'est vrai, il ne manquait plus que ça ! À coup sûr une fausse piste…

— Peut-être pas ; il prétend, en tout cas, avoir identifié le criminel : je l'ai eu au téléphone tout à l'heure, il semblait vraiment sûr de lui.

— Eh bien, ce n'est pas le premier ! Je vous rappelle qu'on a déjà recueilli au moins une dizaine de témoignages parfaitement improductifs : ça m'étonnerait bien que l'histoire soit réglée aujourd'hui, faut pas rêver !

Faisant fi de la ligne blanche qui séparait les voies de circulation, Labornet effectua un demi-tour périlleux et prit, plein nord, la route de Mailly. Inutile de se bercer d'illusion : l'affaire Raubry ne serait certainement pas résolue dans la journée ! En plus, il n'accordait aucune confiance à Duchatel, qu'il connaissait bien et savait prêt à tout pour se faire valoir dans la presse. Un moyen comme un autre d'assurer la promotion de son exploitation viticole… et de son pinard, dont la qualité laissait d'ailleurs à désirer. Bref, aucune chance de régler la question avec ce témoin-là.

Suivant les innombrables panneaux, qui vantaient les vins blancs de la propriété, l'adjudant traversa le village, et tourna à droite sur un chemin vicinal qui sinuait au milieu des vignobles. Peu après, il s'engagea dans une large allée bordée de marronniers et gara la 4L devant une maison bourgeoise très laide mais qui respirait la prospérité. Il faut croire que l'activité était lucrative…, davantage, en tout cas, qu'une carrière dans la gendarmerie ! Rendu encore plus amer par ce constat, Labornet grimpa, d'un pas lourd, les marches d'un massif perron de pierre, fleuri de géraniums rouge vif, et appuya longuement sur la sonnette.

Contrairement à ses pronostics, l'entretien s'avéra décisif : le violeur était fait comme un rat !

33
Mercredi 10 juillet 1974, 2 heures du matin

La sonnerie stridente du téléphone tira brutalement Fernand Ravineau du sommeil. Il échangea un regard anxieux avec sa femme, elle aussi réveillée en sursaut, et se précipita dans le couloir. La voix de l'adjudant, plus cassante encore qu'à l'accoutumée, résonna dans l'écouteur.

— Monsieur Ravineau ? Il faut que vous veniez au plus vite chez les Rollet. Votre fils s'est mis dans un sale pétrin !

— Que se passe-t-il ? Qu'a-t-il fait ?

— On vous expliquera tout sur place ; je vous attends : et merci de ne pas tarder, je n'ai pas l'intention d'y passer la nuit, ajouta Labornet en raccrochant sans donner davantage d'explications.

Une brutale montée d'adrénaline fit battre à grands coups le cœur de Fernand. Cette fois, il ne pourrait rien faire pour François. Cette petite ordure avait encore sévi et s'était fait pincer : il était bon pour la prison à vie, voire pire !

Fébrile, il enfila rapidement ses vêtements de la veille et, sans daigner répondre à son épouse qui l'assaillait de questions, se rua vers la deux-chevaux garée dans la cour. Au passage, il jeta un coup d'œil vers la chambre de son fils, située à droite de la cuisine, au rez-de-chaussée de la ferme. La fenêtre grande ouverte l'attestait : pour ne pas alerter ses parents en traversant le hall, il s'était éclipsé par là. Impossible évidemment de le surveiller jour et nuit. Fernand avait pourtant fait le maximum, ne le lâchant pas d'une semelle depuis des mois, au risque de négliger son exploitation et de laisser à son beau-père l'essentiel du boulot. Mais ce monstre avait quand même échappé à sa vigilance et il allait en payer le prix.

Paradoxalement, Ravineau se sentait presque soulagé. Il n'en pouvait plus de porter ce lourd secret et d'assumer, seul, un rôle de garde-chiourme depuis deux ans. Deux ans déjà ! Il se rappelait, avec une précision étonnante, ce matin d'août 1972 lorsqu'il avait appris, par le Courrier bourguignon, le décès, dans des circonstances atroces, de Marion Raubry. Ses soupçons initiaux s'étaient rapidement transformés en certitude au sujet du coupable : il s'agissait de François, cela ne faisait aucun doute ! Ce dernier, complètement entiché de la petite, la poursuivait inlassablement de ses assiduités... sans le moindre succès. Son amour contrarié virait à l'obsession et altérait son humeur : d'un naturel plutôt agréable, le jeune homme était devenu aigri, ressassant en permanence ses rancœurs. Son père avait bien tenté de lui changer les idées en l'orientant vers des relations tarifées, plus accessibles, mais en vain. François n'en démordait pas : c'était Marion ou rien !

Aussi, en découvrant le drame dans la presse, Fernand avait été dévasté. Après plusieurs nuits sans sommeil, il s'était finalement décidé à taire la vérité. Inimaginable de dénoncer son propre fils... ni même d'en parler avec lui : il ne pouvait pas ! Sans prévenir sa femme, qui nourrissait elle-même quelques soupçons mais préférait pratiquer la politique de l'autruche, il exerçait, depuis lors, sur le jeune homme une surveillance constante pour prévenir toute récidive. Avec appréhension, il avait assisté, au moment des vacances de Pâques, à la naissance d'une nouvelle amourette avec Jeanne de Lantay, et redoublé de prudence.

Mis au courant la semaine précédente, comme tout le village, du projet de chasse au trésor, il s'était juré de l'empêcher. Pas question de laisser la gamine traîner dans la nature chaque soir après la tombée de la nuit, au risque de susciter les convoitises de François ! Il avait fallu qu'il trouve le moyen de faire cesser cette initiative malheureuse, sans révéler son identité. Pour cela, les vieilles recettes, sorties du placard, s'étaient avérées bien utiles : il suffisait, comme toujours, de garder une longueur d'avance ! Par d'habiles et sordides mises en scènes, il avait montré aux participants qu'il n'ignorait rien des étapes successives du jeu de piste et pouvait frapper à tout moment. Un moyen également d'adresser un message clair à la Comtesse d'Armanjeux, qui disposait d'une autorité suffisante pour mettre un terme définitif à cette distraction stupide et ne piperait mot sur le responsable des « sabotages » pour préserver le petit secret qu'elle partageait avec Marie-Caroline. À son grand soulagement, l'opération fut couronnée de succès.

Mais l'agression d'une autre gamine à Sernolay, révélée par le quotidien local le samedi précédent, avait plongé Ravineau dans le désespoir. Et la perplexité ! Comment son fils, qu'il tenait sous un contrôle étroit depuis l'affaire Raubry, avait-il échappé à sa surveillance ? Pourquoi s'en prendre à cette donzelle, dont Fernand ignorait même l'existence ? Que savaient vraiment les flics ?

À ces interrogations, faisait écho une autre question. Que fichait François, ce soir, chez les Rollet ? Ces derniers, qui vivaient dans une maisonnette isolée, n'avaient jamais eu d'enfant et menaient une petite existence bien tranquille, fréquentant peu les habitants de Colmagny. Evidemment, la situation du lieu, à l'écart du village, se prêtait bien aux agissements d'un violeur. Encore fallait-il attirer la victime dans les parages…

Miné par le remord d'avoir tu la vérité, au risque de provoquer un nouveau drame, Fernand crispa les mains sur le volant. Cette fois, son fils était bon pour la corde ! D'autant que le contexte ne favoriserait guère l'indulgence des magistrats : depuis le meurtre de la petite Marie-Dolorès près de Marseille, et l'arrestation récente de Christian Ranucci, la population se montrait particulièrement virulente à l'égard des agresseurs d'enfants, faisant pression sur les pouvoirs publics pour obtenir justice. Accusé de récidive, le jeune homme n'aurait aucune chance de s'en tirer !

Des images sinistres affluèrent à l'esprit de Ravineau : une cellule sordide, un réveil à l'aube, le dernier verre du condamné, une étroite cour de prison, puis le corps basculé sous le couperet, la tête qui roule dans le panier... Tremblant et couvert de sueur, il vit apparaître, dans la lueur des phares, la petite maison des Rollet et gara la deux-chevaux sur le bas-côté. Le temps de tout avouer était venu...

D'un pas mal assuré, il grimpa les quelques marches qui menaient à la porte d'entrée. Avant même qu'il puisse frapper, celle-ci s'ouvrit, laissant apparaître le visage maussade de Labornet, visiblement contrarié par cette intervention en pleine nuit.

— Vous avez bien mal éduqué votre progéniture, Monsieur Ravineau ; moi qui pensais que les paysans restaient attachés aux bonnes vieilles valeurs de propriété, je tombe de haut, croyez-moi !

Etonné par cette entrée en matière, peu appropriée aux circonstances dramatiques du moment, Fernand jeta un regard surpris vers l'adjudant. Revêche comme à son habitude, ce dernier ne semblait pas autrement perturbé. Il conduisit Ravineau dans la salle à manger où le brigadier Tallard discutait avec le couple Rollet. François, assis sur une chaise, les yeux rivés sur ses pieds et la mine déconfite, ne leva même pas la tête. Labornet, visiblement pressé d'en finir, interrompit d'un geste agacé la discussion et se tourna vers Alfred, le propriétaire des lieux.

— Je vous laisse la parole, Monsieur Rollet. Racontez-nous précisément ce qui s'est passé, on vous écoute !

— Je vous ai déjà tout dit ! répondit celui-ci d'un ton las.

— Eh bien, il va falloir recommencer ! Monsieur Ravineau n'est pas encore au courant et il a quand même le droit d'être informé des dérapages de son indigne rejeton que je sache ! Merci d'être concis, la nuit commence à être longue...

De plus en plus sidéré par le cours que prenait l'entretien, Fernand s'écroula pesamment sur une chaise, observant tour à tour les protagonistes de cette affaire d'un air perplexe. Alfred Rollet entama, d'une voix morne, son récit. Une petite heure auparavant, couché avec sa femme dans la chambre qui se trouvait à l'étage, il avait été réveillé par le grincement bien caractéristique de la porte d'entrée qu'il ne fermait jamais à clef. Quelqu'un s'était introduit dans la maison : il l'entendait fureter au rez-de-chaussée. Peu disposé à risquer un mauvais coup, il avait prévenu discrètement la gendarmerie grâce au récepteur téléphonique installé sur sa table de nuit. Le planton de service avait transmis l'information et l'adjudant, accompagné du brigadier, était rapidement arrivé sur place.

— On doit le reconnaître : les gendarmes ont fait diligence, ajouta-t-il en guise de conclusion.

D'ordinaire mutique, le brigadier Tallard, qui semblait curieusement d'humeur guillerette, se permit d'intervenir.

— Il faut dire que nous étions encore au boulot, à peine dix minutes avant ! Mais ça valait le coup, n'est-ce pas, mon adjudant ?

Alors que tout le monde redoutait la réaction de

Labornet, qui détestait les initiatives personnelles, à l'exception de celles qu'il prenait lui-même, l'irascible sous-officier arbora un sourire indulgent.

— Oui, nous avons enfin réglé cette sale histoire ; il était temps !

— De quoi parlez-vous ? s'enquit Fernand de plus en plus dérouté par la tournure que prenait la conversation.

— De l'affaire Raubry, le coupable est sous les verrous et, croyez-moi, il n'est pas près de sortir de taule... sinon pour se faire raccourcir ! De toute façon, on ne va pas le pleurer, c'est sûr !

Partagé entre la crainte d'avoir mal compris et un soulagement immense qui dilatait sa poitrine, Ravineau cacha ses mains tremblantes sous le solide plateau de chêne de la table et, en dépit de la boule qui obstruait sa gorge, parvint à articuler d'une voix enrouée par l'émotion : « Vous êtes sûr de vous ? C'est qui ? »

Labornet, ravi de l'intérêt qu'il suscitait, marqua un temps d'hésitation, mais ne put résister au plaisir de se mettre en valeur.

— Sûr et certain : il a tout avoué ! C'est un gars de Mailly ; tout le monde le considérait comme instable... mais parfaitement inoffensif. Il cachait bien son jeu ; un vrai pervers, en fait ! Il repérait les gamines seules, les pistait et les agressait dans des lieux isolés : la stratégie classique du violeur ! Mais vous en saurez plus demain en lisant la presse, répondit-il.

Puis conscient de négliger sa mission, il se raidit subitement, fronça ses épais sourcils et foudroya du regard François, toujours tassé sur sa chaise.

— En attendant, il nous reste une autre affaire à régler ce soir ! Ce grand couillon a commis une double infraction : violation de domicile et vol. On l'a surpris tout à l'heure en train de chaparder les bijoux de la maîtresse de maison dans le buffet de l'entrée. Il s'agit, purement et simplement, d'un délit, on ne va pas en rester là !

L'adjudant se tourna vers Fernand Ravineau. À sa grande stupéfaction, celui-ci lui affichait une mine réjouie. À croire que le père cautionnait la malhonnêteté du fils ! Le sous-officier en fut atterré : décidément, les bons vieux principes d'antan foutaient le camp ! Quelle sale époque !

34
Mercredi 10 Juillet 1974, dans la matinée

Mézabeth observa, d'un air dubitatif, l'enveloppe que venait de lui apporter Anne-Chantal : pas de timbre ni même d'adresse, quelqu'un l'avait déposée directement dans la boîte aux lettres ; une simple mention, « à l'intention de la Comtesse d'Armanjeux » précisait le destinataire. Un peu surprise, elle s'empara du coupe-papier posé sur le secrétaire et l'ouvrit sans plus attendre. Elle en sortit deux feuillets couverts d'une écriture régulière, un peu penchée, qu'elle reconnut aussitôt. Après s'être assise dans le Voltaire à côté de la fenêtre, elle en entama la lecture.

Chère Amie,

Soyez certaine que c'est avec beaucoup d'hésitation, voire de scrupules, que je vous adresse cette confession et vous contrains ainsi à devenir la dépositaire d'un secret que je dissimule depuis trop longtemps. Mais je ne peux me résoudre à mettre ma femme dans la confidence, redoutant d'entacher à tout jamais l'image qu'elle gardera de moi dans ses dernières années : à la veille de ma disparition, j'ai un souvenir ému pour le couple uni que nous avons formé depuis un demi-siècle et ne peux me résigner à balayer la confiance réciproque sur laquelle il reposait. Aussi est-ce vers vous que je me tourne aujourd'hui ; à défaut d'excuser l'inexcusable, je suis assuré vous saurez garder le silence sur cette navrante histoire. Pardonnez-moi de vous infliger un pareil fardeau, dont je mesure tout le poids, mais, à l'heure de paraître devant le Créateur, j'ai besoin d'avouer mes crimes. Je sais que je ne pourrai trouver une oreille plus amicale et compatissante que la vôtre.

Pendant la guerre, mon frère Léon, chef d'équipe à la Manufacture d'armes de Saint-Etienne, a monté un petit trafic avec la Milice à laquelle il a fourni, de manière illégale, une dizaine de pistolets et de fusils. J'ignore tout des compensations qu'il a pu recevoir en échange de cette sordide combine, probablement quelques marchandises introuvables sous l'Occupation. Repéré, ainsi que son « correspondant » Augustin, par la Résistance, il a dû quitter précipitamment Saint-Etienne en compagnie de ce dernier. Après une marche éprouvante de cinq jours, les deux hommes sont arrivés à Colmagny dans l'après-midi du 5 mars 1944; ils m'ont contacté dans la nuit. Mon épouse, qui était partie soigner une vieille tante malade, n'en a jamais rien su.

Si j'ai accepté de cacher Léon, en attendant que la guerre se termine et que les rancœurs s'apaisent, j'ai ordonné au milicien, une petite peste d'une trentaine d'années, de quitter la région au plus vite : qu'il aille donc se réfugier en Allemagne, puisqu'il semblait en cautionner l'idéologie! Malgré ma défiance à son égard, je lui ai toutefois accordé un répit de vingt-quatre heures avant de reprendre sa cavale.

En pleine nuit, nous avons discrètement installé un petit abri dans la dernière cave du Roc-Pertus dont personne ne connaissait l'existence : je l'avais moi-même découverte, par le plus grand des hasards, en cherchant des champignons l'automne précédent. À cette époque, elle n'était accessible que par un minuscule passage envahi de végétation et ne communiquait pas avec les trois autres.

Le matin du 7 mars, je suis venu approvisionner mon frère, en passant par le Chemin bleu pour éviter les regards indiscrets. À mon arrivée, le milicien avait disparu; mais, soucieux d'éliminer un témoin gênant, qui pourrait dénoncer ultérieurement tous ses crimes, il avait tiré sur Léon avant de partir. Ce dernier, gravement blessé, était toutefois encore vivant. J'essayai de le soigner au mieux, pensant que sa robuste constitution lui permettrait de se rétablir.

Pendant plusieurs jours, il oscilla entre la vie et la mort puis sembla se sentir mieux. Au moment où je reprenais espoir, j'appris qu'un groupe de jeunes du village, des « résistants de la dernière heure », avaient investi la cave voisine pour y dissimuler quelques armes dont ils se targuaient de faire usage contre l'occupant. Pour Léon, la menace était réelle ! S'ils le découvraient et apprenaient ses manœuvres, ils n'hésiteraient pas à l'éliminer. Vous le savez comme moi, l'heure n'était pas à l'indulgence mais plutôt aux règlements de compte !

J'ai alors pris la pire décision de mon existence : celle de prévenir les Allemands, de manière anonyme, de l'attentat qui se préparait contre eux. Je n'ai, bien entendu, livré aucun nom ni même indiqué l'emplacement de la cache d'armes : j'ai simplement signalé qu'une opération de la Résistance s'organisait sur la commune de Colmagny. J'espérais que la réaction de l'occupant, qui ne manquerait pas de se manifester d'une manière ou d'une autre, dissuaderait les jeunes hommes de poursuivre leur hasardeuse entreprise, sans entraîner de funestes conséquences. Une erreur d'appréciation fatale ! Contrairement à mes prévisions, les Allemands, rendus nerveux par l'imminence de la défaite, ont déployé de grands moyens pour coincer les responsables. Ils ont rapidement identifié le fils Combes : les autres sont parvenus à disparaître avant de tomber dans leurs griffes.

Je ne reviens pas sur la fin tragique du jeune Joseph : trente ans après, elle me hante encore, à chaque instant de mon existence…

Léon, après avoir enduré de terribles souffrances, est finalement décédé le 3 avril. Pas question de l'enterrer, au su et au vu de tous, dans la petite concession que j'avais achetée au cimetière. J'ai creusé une modeste tombe dans la cache du Roc-Pertus que j'ai recouverte d'un monceau de débris pour la dissimuler à tout jamais. Quelques années plus tard, les travaux effectués sur la route principale ont entraîné l'enfouissement des caves sous des tonnes de déblais, faisant disparaître toute trace de cette sinistre histoire. Que n'ont-ils également enfoui mes remords !

Vous connaissez la suite : le glissement de terrain, les fouilles entreprises par Jean-Marie, la découverte de l'écusson de la Milice, la veste de Léon oubliée dans la cave... Après avoir gardé le silence pendant trente ans, impossible de laisser ressurgir ce vieux drame ! L'exhumation du cadavre de mon frère, que j'avais mis en terre sans même vider ses poches, aurait probablement conduit la gendarmerie à découvrir la vérité. J'imaginais déjà l'anathème dont je serais frappé, l'atterrement de ma femme, votre incompréhension..., je ne pouvais pas le supporter !

J'ai donc, en toute conscience cette fois, pris la décision de tuer. L'opération était simple : elle consistait à attendre, caché dans la cadole du Chemin bleu, le passage de Jean-Marie qui empruntait, presque toujours, ce sentier pour se rendre au Roc-Pertus. Il suffisait, ensuite, de dissimuler le corps dans les broussailles, particulièrement denses à cet endroit, et d'attendre que l'on classe l'affaire.

Vous avez appris comme moi que la victime avait survécu. Désormais privé de toute empathie à l'égard de mes semblables, je n'arrive même pas à m'en réjouir. Mon seul souhait aujourd'hui est de disparaître sans porter préjudice à ma famille et, plus particulièrement, à Isabelle que j'ai toujours chérie. Le cancer du poumon, que je développe depuis plusieurs mois et que je dissimule, tant bien que mal, à mes proches, justifiera mon suicide : j'ai laissé une lettre à ma femme, prétextant mon grave état de santé et mes souffrances physiques pour expliquer mon geste ; le docteur

Reynié pourra, si nécessaire, corroborer mon propos.

Je suis convaincu, chère amie - mais oserais-je encore vous appeler ainsi ? – que vous saurez garder le secret sur ces aveux. Ce que j'ai fait est impardonnable et je ne réclame aucune absolution, pas même celle du Créateur : à l'heure du Jugement, il me faudra assumer mes crimes !

Que la vie vous préserve, Elisabeth : vous êtes une belle personne.

Raymond Bontemps

À l'étage du manoir néo-gothique, accoudé au rebord de la fenêtre, le vieil homme vit Mézabeth sortir, en toute hâte, de la Grande Maison, traverser la cour, puis la rue, et se précipiter vers sa porte. Il observa avec un sourire triste le MAS 35, récupéré en 1944 dans les affaires de Léon : ayant fait disparaître le pistolet Ruby dans l'explosion de la cave, l'ironie du sort voulait qu'il meure avec l'arme même qui était à l'origine de tout ce cauchemar...

Au coup de sonnette fit écho une puissante détonation.

35
Samedi 13 juillet 1974, dans la matinée

La lancinante sonnerie du glas conférait à cette radieuse matinée de Juillet une note mélancolique. Assise au deuxième rang de la nef, en compagnie de tout le clan Lantay, Mamidou se retourna : la petite église de Colmagny ne suffisait pas à contenir l'immense assemblée. Le village au grand complet s'était, en effet, déplacé pour assister aux funérailles de Raymond Bontemps, qui avait longtemps occupé la fonction de maire et suscitait une sympathie assez unanime dans la commune. Après s'être posé la question de savoir si ses propres obsèques seraient aussi suivies, Yvonne reporta son attention sur les siens. À sa droite, Marie-Caroline, probablement soulagée par ses résultats d'analyses médicales, semblait, depuis le mardi précédent, avoir retrouvé une certaine sérénité. Louis, qui avait toujours adoré sa mère, la couvait d'un regard protecteur. De l'autre côté de l'allée centrale, Alix, entourée de sa progéniture, jouait, comme à l'ordinaire, les mères poules avec les jumelles, boutonnant ici un gilet, lissant là une mèche rebelle, avant de redresser un col de travers. Quant à Gérard, il n'en ratait vraiment pas une : vautré sur sa chaise, il arborait une veste verte, parfaitement incongrue au milieu des tenues sombres.

À la gauche de Mamidou, Elisabeth, perdue dans ses pensées, fixait le cercueil, installé en contrebas du chœur sur deux tréteaux. Malgré les révélations contenues dans la lettre, elle ne parvenait pas à considérer le défunt comme un monstre. Balloté par les aléas de la vie et pris dans un engrenage infernal, il avait fini par abdiquer toute humanité ; mais le fond n'était pas entièrement mauvais : pour l'avoir fréquenté pendant des décennies, elle en était convaincue.

Après l'interminable défilé des condoléances, auxquelles la veuve, abattue, répondait par quelques sourires tristes, suivi de l'inhumation dans un modeste caveau au pied du chevet, les deux grands-mères se dirigèrent vers l'enclos funéraire des Lantay. Tout en retirant quelques mauvaises herbes, insérées entre les pierres tombales, Mamidou fixait son amie d'un air interrogateur.

— Il s'agit peut-être d'une intuition sans fondement, mais j'ai l'impression, Elisabeth, que vous détenez certaines informations... que vous ne souhaitez pas partager. Est-ce que je me trompe ?

Sidérée par la perspicacité d'Yvonne, Mézabeth joua la surprise :

— Que voulez-vous dire au juste ? Des informations à quel sujet ?

— Au sujet des deux mystères qui nous préoccupent depuis plusieurs jours : le sabotage en règle de la chasse au trésor et la tentative d'assassinat sur la personne de Jean-Marie. Pour ce qui est du viol de la petite Marion, vous savez comme moi que la question est enfin réglée et que le criminel se trouve, depuis peu, sous les verrous. Par chance, aucun habitant de Colmagny n'est impliqué dans cette histoire. Mais, en ce qui concerne les deux autres affaires, je nourris quelques doutes à cet égard. Auriez-vous des éclaircissements à me fournir par hasard ?

Prise de court, la Comtesse fit mine de s'intéresser à son tour aux pissenlits qui ourlaient le rebord des sépultures et tenta, sans succès, d'arracher une énorme rosette que couronnaient trois fleurs jaune vif. Se découvrant une passion subite pour le désherbage, elle s'acharna un moment sur la racine pivotante, puis laissa tomber d'un ton indifférent :

— Je n'ai pas la moindre information, chère amie. Pourquoi ? Vous soupçonnez quelqu'un ?

Frottant ses mains souillées de terre, elle s'inquiéta. À l'évidence, Yvonne subodorait un nouveau secret. Pouvait-elle connaître l'existence de la lettre ? Impossible ! En rentrant du manoir, après la macabre découverte du corps et l'arrivée du docteur Reynié, qui avait pris en charge la pauvre Isabelle, et décidé de qualifier le suicide de simple défaillance cardiaque, elle l'avait lue une seconde fois avant de la brûler. Personne ne serait jamais au courant sauf elle ! Aussi fut elle soulagée par la réponse de son amie.

— Pour la tentative d'assassinat, je donne ma langue au chat ; L'adjudant a évoqué une querelle assez violente qui aurait opposé, en début de semaine, Jean-Marie à un individu de passage, et dont a témoigné son compagnon de bistrot, Alfred Roumiguet. Il enquête dans cette direction, sans grand espoir d'ailleurs, car il ignore tout du quidam. Je sens que l'affaire va être classée rapidement...

— C'est peut-être aussi bien et je n'en sais pas plus que vous, murmura la Comtesse avec fatalisme. L'essentiel est que ce pauvre homme s'en sorte sans séquelle, mais je crois qu'il se rétablit très bien ; les médecins sont sidérés, paraît-il.

— En revanche, pour ce qui est du jeu de piste, j'ai ma petite idée, ajouta Yvonne d'un ton de conspiratrice ; je flaire une implication de Ravineau dans cette histoire... Qu'en pensez-vous ?

Le cœur de la Comtesse s'emballa de nouveau ; elle feignit l'étonnement.

— En quoi cette chasse au trésor pourrait-elle intéresser Fernand Ravineau ? Qu'a-t-il à voir avec ça ?

— Je ne parle pas de Fernand mais de François, le fils !

Vous en avez appris plus que moi sur ses démêlés avec la petite Jeanne : je le soupçonne d'avoir saboté le jeu pour pouvoir passer les soirées avec elle. Ça ne m'étonnerait pas vraiment de sa part, c'est quand même une sale engeance, ce garçon !

Mézabeth, qui frisait l'apoplexie à osciller sans transition de la tension au soulagement, décida de mettre un terme à la conversation.

— Oui, je pense que vous avez trouvé l'origine des sabotages. En tout cas, votre explication tient la route. Mais nous échafauderons d'autres hypothèses plus tard. Il est temps de rejoindre tout notre monde au manoir, pour la collation, et d'apporter un soutien à cette pauvre Isabelle qui va se retrouver bien seule dans cette immense maison.

Dans le hall, couvert de croisées d'ogives néo-gothiques, les deux grands-mères retrouvèrent la famille Lantay au grand complet. Louis, chargé d'un plateau couvert de canapés, s'approcha. Fouillant dans la poche de sa veste, il en sortit un petit objet métallique de forme ovale, la plaque du poilu de la Grande Guerre découverte par le simplet au Roc-Pertus.

— Je suis passé rendre visite à Jean-Marie avant la cérémonie : il vient juste de rentrer chez lui. Pour me remercier de l'avoir sauvé, il m'a donné sa première trouvaille. Vous savez de qui il s'agit finalement ?

La Comtesse s'empara du badge et, s'approchant d'une fenêtre, l'observa attentivement. À la faveur d'un rayon de soleil, elle dissipa sa méprise. L'initiale du nom, en partie effacée par l'usure des ans, n'était pas un R mais un B dont la partie inférieure avait été érodée. Il s'agissait bel et bien de Léon Bontemps, le frère de Raymond. Pourquoi conservait-il sur lui cet objet de la Première Guerre ? En guise de porte-bonheur ? En mémoire de sa vaillance au front ? En souvenir d'une marraine de guerre adorée ? Nul ne le saurait jamais. Il avait emporté avec lui son secret dans la tombe… Elle rendit la plaque à son petit-fils.

— Le mystère reste entier : son propriétaire sera le « soldat inconnu » de Colmagny. Il faut en prendre notre parti ! répondit-elle avant d'avaler trois canapés coup sur coup, pour faire passer son mensonge.

— En tout cas, cette journée est bien triste, intervint Mamidou, soucieuse de ramener la conversation sur un sujet de circonstance ; nous avons perdu un ami très cher. Il va cruellement nous manquer. C'était vraiment un homme bon.

La bouche pleine, Mézabeth renchérit avec conviction. Elle s'en étonna elle-même puis, prise de quelques scrupules, interrompit net son panégyrique pour enfourner un quatrième canapé. Elle n'allait quand même pas chanter les louanges d'un criminel …

Après la collation, elle éprouva le besoin de retourner sur la tombe de Raymond : le cantonnier venait de la refermer. À sa grande surprise, Fernand Ravineau, qui se proclamait athée au grand dam du curé, semblait s'y recueillir. Entendant des pas, il leva la tête et lui fit un grand sourire. De plus en plus étonnée, la Comtesse y répondit par un signe de tête. L'homme s'approcha et lui adressa une grimace ironique.

— J'ai le sentiment que notre bien-aimé maire a quitté cette vallée de larmes avant l'échéance prévue. Il y avait peut-être intérêt d'ailleurs… À croire que, lui aussi, souhaitait garder une longueur d'avance !

Épilogue
Quelques semaines plus tard, en fin d'après-midi

Louis jeta un regard inquiet à Chouki qui, lasse d'importuner son porcelet préféré, s'approchait sournoisement du couvre-chef de Jean-Marie. Assis sur le mur du pré à cochons, ce dernier ne gardait presqu'aucune trace de son agression, à l'exception d'une petite cicatrice ronde au niveau des côtes qu'il exhibait bien volontiers. Un moyen comme un autre de jouer les vedettes dans le village ! Le simplet leva la tête et observa un instant, sourcils froncés, les circonvolutions que décrivait en l'air le bel oiseau bicolore ; consciente d'être repérée, la pie gardait prudemment ses distances.

— Paraîtrait que j'y devions la vie à c'te bestiole : c't'un comble ! Encore du bol qu'elle étions captivée par mon pompon, sinon l'bibi, il s'rait toujours dans l'Chemin bleu et servirait de boustifaille aux corbeaux !

— Oui, tu lui dois carrément une fière chandelle ! Sans elle, je ne t'aurais jamais repéré dans le sentier, on n'y voyait rien avec toute cette végétation.

— Et l'bibi, l'étions pas un ingrat, regarde don' !

Fouillant dans la vieille besace de cuir qu'il portait à l'épaule, Jean-Marie en extirpa un petit paquet en papier kraft qu'il posa sur le mur. Puis, avec des gestes méticuleux, comme s'il s'apprêtait à dévoiler le Saint Sacrement, il dénoua la ficelle et écarta l'emballage. Trois pompons, d'un rouge écarlate, apparurent dans la lumière dorée de cette belle soirée d'été. Il les poussa doucement vers Chouki qui, fatiguée par ses acrobaties aériennes, s'approchait en sautillant d'une pierre à l'autre. Elle inclina la tête sur le côté en fixant le gogol d'un œil brillant, et saisit dans son bec un des pompons qu'elle abandonna aussitôt dans le pré. Les deux autres subirent le même sort. Puis, tout à coup, elle prit son envol, effectua un piqué sur la tête du simplet et trancha à la base celui qui ornait son béret, avant de filer se réfugier au sommet d'un poteau électrique.

— Boudiou de boudiou !!! Manque pas d'air c'te peste. L'est vraiment une garce !

Rouge d'humiliation, Jean-Marie tendit un poing rageur vers la pie qui, perchée bien à l'abri, répondit par des jacassements sonores. Puis se détendant d'un seul coup, le benêt éclata d'un rire franc, en dévoilant ses gencives édentées, tandis que Chouki disparaissait, à tire-d'aile, dans un ciel embrasé par le soleil couchant.

Sommaire

Dépôt légal octobre 2021

Librinova

www.librinova.com

Achevé d'imprimer chez SoBook le 26-11-2021

Linselles - France

N° impression : 738 386